阅读成就思想……

Read to Achieve

FUSION ECONOMICS
HOW PRAGMATISM IS CHANGING THE WORLD

世界的未来
中国模式对全球新格局的重塑

[美]龙安志（Laurence J. Brahm）◎著　石盼盼◎译

中国人民大学出版社
·北京·

图书在版编目（CIP）数据

世界的未来：中国模式对全球新格局的重塑 /（美）龙安志（Laurence J. Brahm）著；石盼盼译 .—北京：中国人民大学出版社，2017.11
书名原文：Fusion Economics：How Pragmatism is Changing the World
ISBN 978-7-300-25047-2

Ⅰ.①世… Ⅱ.①龙… ②石… Ⅲ.①世界经济—经济发展趋势 Ⅳ.①F113.4

中国版本图书馆 CIP 数据核字（2017）第240280号

世界的未来：中国模式对全球新格局的重塑

[美] 龙安志　著
石盼盼　译
Shijie de Weilai: Zhongguo Moshi dui Quanqiu Xin Geju de Chongsu

出版发行	中国人民大学出版社		
社　　址	北京中关村大街31号	邮政编码	100080
电　　话	010-62511242（总编室）	010-62511770（质管部）	
	010-82501766（邮购部）	010-62514148（门市部）	
	010-62515195（发行公司）	010-62515275（盗版举报）	
网　　址	http:// www. crup. com. cn		
	http:// www. ttrnet. com（人大教研网）		
经　　销	新华书店		
印　　刷	北京玺诚印务有限公司		
规　　格	170 mm × 230 mm　16开本	版　次	2017年11月第1版
印　　张	13.25　插页 1	印　次	2018年4月第4次印刷
字　　数	217 000	定　价	59.00元

版权所有　　侵权必究　　印装差错　　负责调换

Fusion Economics
How Pragmatism Is
Changing the World

目录

序言　无言者之言：听听街头民众之言 \001

导言　华盛顿共识没用了 \007

第一部分　融合经济学：埋葬意识形态、摆脱理论学说、奉行实用主义

01 迈出中国改革的第一步：终结意识形态，开始求真务实 \023

02 巫毒经济学：摒弃外来理论，采用本地解法 \029

03 举步维艰的中国改革历程：将计划与市场相融合 \041

第二部分　实用理想主义：慈悲资本、利益相关者价值和社会企业

04 香格里拉之道：效仿牧民和僧侣，创建社会企业 \053

05 积极能量银行：喇嘛和菩萨传授的量子经济学 \061

06 创建香巴拉：在世界之巅创办社会企业 \067

第三部分 多元本地化：人民自强则长治久安

07 失权因素：根除恐怖主义 \081

08 喜马拉雅共识：幸福、小额信贷和社区发展 \093

09 非洲共识：社区自强以防止暴力 \105

第四部分 新的地球共识：社区意识和地球存续

10 占领你的头脑：和平革命来到美国 \121

11 『再次开拓』美国：振兴社区和环境经济学 \131

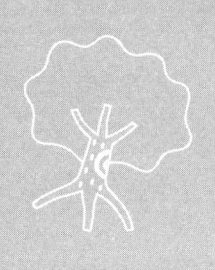

12 世界不是平的：回归基础、本地多样性和社区资本再生 \149

目录

13 来自俄罗斯的融合经济学：国家反应、金砖国家和变化着的世界秩序 \163

14 我们想要的未来：想要拯救地球，我们需要新的领袖 \175

15 环境经济学：少纸上谈兵，为生存而落实绿色发展 \183

结语 占领运动后的世界：设想一种没有贪欲的经济 \193

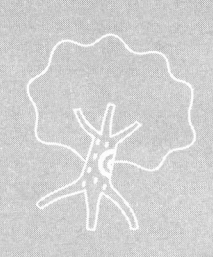

译者后记 \201

序言

无言者之言
听听街头民众之言
Fusion Economics
How Pragmatism Is Changing the World

占领华尔街

此刻，我身处祖科蒂公园（Zuccoti Park），周围聚集着"占领华尔街运动"的示威者。警察把整个公园围了几圈。道路一侧停靠着媒体采访车，另一侧安装了监控设备。身处其中的是美国社会各界的代表人士。

一位示威者高举标语牌，民众们因美国政府无能、寡头当权而感到失望，也对为谋私利而罔顾大众的行为感到失望。

2011年，基于贪欲的美国经济活动和毫无理性的资本运作加剧了收入差距、拉高了失业率、忽视基础设施建设，同时掀起了毫无意义的意识形态之战，只会耗空国力而已。由于某些原因，这些事由来已久，但是受企业和说客赞助的媒体几乎对此不置一词。

美国贫富差距不断扩大，同时中产阶级被逼得走投无路，实际上也加入了穷人的行列。

在纽约大学和新学院大学里，那些扛着几十年学贷的高材生顿觉前途迷茫。于是决定与纽约的游行民众联手，在9月17日这天占领华尔街。数周之内，占领运动蔓延全美。

我回到纽约参加了占领华尔街活动。此前我在亚洲待了30年，以企业律师和发展经济学家的身份参与整改当地的经济状况，之后又成为社会企业家，在基层建立起新型经济模式。一回到故乡，我就觉察到大众对于美国体制的失望之情达到沸点。左右两派的人都知道问题所在，却不知道如何解决。他们寻求新的经济模式，却不知道如何实现。

华尔街上方有很多办公楼，里面的人就像坐着飞机飞过示威者头顶，但所有人都盯着彭博机屏幕，听不到楼下的呼喊，当然也没有人想去听。他们相信纽约市长迈克尔·布隆伯格（Michael Bloomberg）很快就会动用武装暴力，将示威者赶出他的街道。

变革的时候到了

本书涉及一系列变革，这些变革已然发生，跨越各大洲，悄悄推动世界产生经济结构性转变。

这一转变会引起价值观和商业动态的变化：从贪婪、逐利的个人主义转向更广泛的可持续性。问题在于基于贪欲的新自由主义体系无非还是为了自我利益，十分短视，因此并不是可持续的。

这场变革的推动者并不是高谈阔论的政治家，也不是构想生财之道的央行要员。如今，真正的变革来自两个看似对立的阵营。一方是非政府组织的领导者和社区活动者，而后者转变为社会企业家，以便支援社会改良计划和构想。另一方是应顾客需求而积极承担社会责任的跨国企业。顾客用购买力投票——"良心消费"。这些分散的力量正汇集起来，成为这场变革的另一个维度。

在2013年1月的世界经济论坛上，可口可乐公司的CEO穆塔尔·肯特（Muhtar Kent）格外引人注目。"你可能会说资本主义是最差的模式，但是它比其他很多模式都好，"他说道，"我们必须逐步改革资本主义，使之更加契合大众的愿景和需求，从而创建一个更加和谐的世界。"他还说："我认为改革的目的在于优化政府、企业和民间团体之间的'黄金三角关系'。"

显然，并非所有人都认同肯特的观点或是表达出这样的想法。也有人并不想看

序言
无言者之言：听听街头民众之言

到这样的转变发生。我们的政府运转不灵并受到富豪强硬分子的操纵，已不能代表民众的利益、梦想和抱负，所以才出现了"1%对抗99%"这个标语。

美国的抗议活动暂时偃旗息鼓，但肯定会卷土重来！我们的政客不愿意去解决核心问题，但这些问题很快也会出现在你的身边。这是因为所有人都知道根源出了问题，并不相信电视名嘴所声称的万事大吉。美国现行经济体系老旧、恶化、腐败、不管用了，当然也不透明。现在要做的不仅仅是改革。我们需要一个新的体系。所有人都厌倦了贪欲谜题和一些公认理念，例如经济效益的终极目标是攫取利益、满足私欲，以及进行奢侈消费以体现个人价值和成就。

这就是占领华尔街运动的意义所在。占领华尔街运动并不是用暴力和怒火来发泄不快，而是希望敦促自觉改革现行体系，从而改变破坏环境、分配不公的现状，应对资源减少、贫富差距加大和社会压力激增的问题。

这一运动并不反对商业。不要对此产生误解。抗议者是希望基本的商业价值观能发生改变。他们极力反对一小撮精英为了自己的利益而阻挡大众的成功之路。抗议者大声疾呼：我们的地球并不是可持续发展的！

不妨拨开迷雾，总结一下示威者提出的要求，然后将内容写在一块标语牌上，立在警戒线前。如果牌子没有受到催泪弹的袭击，人们就可以看到上面写着：

- 奉行经济中间道路的时候到了。我们需要的是务实、全面的经济政策，而不是空的理论。终结市场原教旨主义；
- 推崇社会企业、慈悲资本、良心消费和利益相关者价值，从而保护我们的社区和环境；
- 无论是在发展中国家还是在发达国家，可持续的地方经济都是水资源和食品安全的最佳保障，也是防止种族暴力和恐怖行径的最佳方法；
- 我们必须重塑金融架构，助力绿色发展，并以可再生能源代替化石燃料，使之成为全球经济发展的新动力。想要生活在地球上，这就是最大的挑战；
- 青年们参与这一过程的时候到了。这是他们的固有权利，事关他们的未来！

这五个相似的要求体现了全球政治经济秩序的转变。20年前的欠发达国家现已跻身发展最快的经济体和最具活力的社会之列，改变了资本流动情况。金砖国家（巴西、俄罗斯、印度、中国和南非）成为世界经济驱动者，与蓬勃发展的77国集团联手，借助独特的融合经济学引领世界发展。他们推崇的是多元的本地化，而非铁板一块的全球化。他们展现新生力量、抛弃老旧模式，正撼动着数十年来公认的全球秩序。

资本流的变化带来了价值的多元化。国际经济、金融和政治方面的政策变化将会体现这一点，而民众在街头提出的要求也可看作与这一转变并行发展的一股力量。

上文提到的这些"大趋势"，即社会企业和企业责任的融合、"新兴南半球国家"所推动的金融架构重组。这些趋势相互联系，存在于发展变化的世界秩序之中。而世界秩序的转变是多方面的。

这一转变既不是由总统、首相、酋长或财政部长参与的重大会议推动，也不是由常春藤名校和华盛顿智库构想的发展大计引发。

其实，前进的道路是由广大民众共同造就的。他们中有的是具有远见的政府人员，与自身的官僚主义相抗衡；还有的是非政府组织工作者、社会企业家和社会活动家。其中很多人根本没有受过教育，极少数人拥有经济学博士学位。他们都愿意帮助大众。他们珍视这个地球和自然环境。他们的动力源自兴趣而非贪欲，这着实令人惊讶。他们之中也有负责任的商人。这些人有钱有势，并以务实的眼光来看待世界发展。

他们想用实事求是的方法来解决贫穷和环境恶化的问题。在寻找答案的过程中，他们经常借助当地的智慧，而不是利用牵强的模型。

虽然这些人各不相同，并在不同的地方为不同的事业打拼，但是他们都认同一件事：现行经济体系继续发展下去将无以为继。

这些人是新的经济先锋。

在本书中，我试图将看似独立、实则相关的事件联系起来，从而展现多层次的变革是如何同时发生的。这些不同类型的行动是源于共同的忧虑或失望，也是针对当前的经济困境而起。我相信，在未来十年里，这些行动会成为新的地球共识。这现在听起来可能很激进或者"非主流"，但必将成为新的主流。

本书并非无所不包。有很多的人、活动、组织、企业在尝试和设计一大堆新颖而全面的方法，以解决当前的经济困境和潜在的扭曲价值。应当把这些当作新型全球共识的不同方面。但是一本书很难写全所有这些内容。

我把这本书当成回忆录来写，在书中分享了我的旅途体验，并提供了一些实用的做法。这些做法与牺牲大众、造福少数人的商业和发展模式大不相同。通过讲述我自己的故事并且阐明我所见证的变革，我希望能够鼓励其他人也说出自己的故事。写文章、拍视频、写博客、发微博，用什么方法都行。避开专家学者和电视名嘴，我们要从大街上（或蛮荒中）寻找切实可行、真实有效的解决方法。让我们一起敦促人们行动起来，去做点有建设性的事情，不要牺牲大众来满足私欲，也不要发表与我们毫无干系的长篇大论。

市场原教旨主义将经济学转变为了意识形态。此刻，我们应该将之推翻。各个机构和政府应打破陈规、重拾常识。

此刻，改变的时候到了。

导言
华盛顿共识没用了
Fusion Economics
How Pragmatism Is Changing the World

我们需要一种新的共识

1944 年在美国新罕布什尔州,来自 44 个国家的代表在一间豪华的乡村俱乐部酒店开会,制定了布雷顿森林体系(Bretton Woods)。他们的任务是:改造全球金融体系,使之按照固定规则运行。设计师为美国总统富兰克林·D. 罗斯福和英国首相温斯顿·丘吉尔。他们制定了相关规则。

与会人员中有英国经济学家约翰·梅纳得·凯恩斯(John Maynard Keynes)。他预料到这个货币制度会受到这些主事国的操纵,并对此作出提醒。凯恩斯甚至提议组建全球央行、发行统一货币,并强调两者不能与黄金或政治挂钩,想要借此阻止那些国家的阴谋。

历史书告诉我们,凯恩斯的提议落空了。

这次会议组建了三个机构:国际货币基金组织、世界银行以及国际贸易组织的前身。会议确定了固定汇率制度,让其他货币与美元挂钩,而美元与黄金挂钩。

在 1972 年,美元与黄金脱钩(因为美国联邦政府发现财政部储备不足)。此后便不存在固定汇率。这也不要紧。主要是所谓的布雷顿森林体系果然还是受到少数几个国家和那三个机构的操纵。

布雷顿森林体系让美元在世界经济中占据统治地位，在美国贸易逆差、发行国债、大肆印钞的情况下仍不会贬值。

我们都知道这个协定是怎么回事，还很冤枉地忍受下来。但现在要变一变了。全球经济结构转变悄然兴起，并呈现多层次发展趋势。

剖析贪欲

锃亮的皮鞋嗒嗒地踏过光亮的红色大理石地板。有线电视镜头晃动着，一扇殖民时代的沉重木门被跳弹打中而砰地关上。罗马风格的国父雕像伫立在华盛顿特区的国会大厦圆形大厅里，注视着下面发生的事情。如果国父们泉下有知，知道美国人民被领导人坑了，定然会重返列克星敦的山林进行战斗。

2008年10月28日，美国国会传讯美联储前主席艾伦·格林斯潘，要求他说明这场自华尔街蔓延至全球的金融危机因何而起，这场自20世纪20年代大萧条以来最严重的经济衰退从何而来。银行业的乱象让整个西方世界沉入金融黑洞。格林斯潘坦承："我错误地认为追求私利的组织，特别是银行和其他企业，能够给予股东最佳保护。"

他高估了私利的力量。

他表明，"去年夏天，整座理论大厦都崩塌了。"格林斯潘承认，他已察觉时下公认的看法"有缺陷"。

他的此番说明是在回答亨利·韦克斯曼（Henry Waxman）的提问。韦克斯曼是众议院监管委员会中的加州民主党代表，支持变革。他质问"华盛顿的主流意见"是否还有意义，并质疑美国财政和监管政策的基本假设，即"市场知道怎么做最好"。

市场并不知道。人类的心理总是不完美的，而市场则反映了人类心理的脆弱性。信息齐全时，市场能够高效运行；但绝大多数情况下，信息并不齐全。

五天之后，时任摩根士丹利亚洲公司总裁的斯蒂芬·罗奇（Stephen Roach）在《金融时报》发文评论道："由于主观信念，美联储在衍生品领域表现盲目。"他还说道，"轻信主观意识而无视客观情况就是个致命错误。"

导言

华盛顿共识没用了

这与贪欲有关，也是因为人们误以为放纵的贪欲会自行引导市场达到完美平衡状态。每个人都相信这一点。经济学课本第一册就教了这个内容。米尔顿·弗里德曼（Milton Friedman）就此大谈了半个世纪。《华尔街日报》没完没了地写这个内容。所以，这肯定是对的。

令人震惊的是，经济衰退持续了四年之后，美国民众才幡然醒悟并质疑这一观点。2011年秋，占领华尔街运动席卷美国，抗议者谴责华尔街和企业的"贪婪"。可是他们真的明白自己在谴责什么吗？所有人都觉得某些地方非常不对劲。大家逐渐明白了政治领袖和企业领导都不愿意解决问题。但究竟是哪里出了问题？而我们又该如何解决呢？

一直以来的问题都是关于赤裸裸的贪欲，也就是利己主义哲学。人们称之为资本主义发展的驱动力。

多数经济史学家将亚当·斯密尊为资本主义之父。美国的伟大是以资本主义哲学为基础。美国人几乎都信奉资本主义。我们的教育告诉我们，斯密证实人们会因私利而做对的事，并认为贪欲是个人动力，会一直让市场保持平衡。我们不假思索地接受他的教条，将他视为偶像，并把他的观点奉为经济模型的基本假设。

问题是，亚当·斯密从未说过这些话。

要是斯密还健在，要是他知道人们正以他的名义大肆宣扬着什么，那么他肯定会加入"占领华尔街运动"示威者的行列。

斯密的经典名著《国富论》（The Wealth of Nations）出版于1776年，这本书实际上强烈谴责国家所支持的商业垄断。

斯密根本就没有鼓吹放纵的贪欲！他所设想的自由市场主要是针对农民和工匠，让他们能为自己的产品寻一个合理的价格，并获得适当的劳动报酬。这样他们就能够养家糊口，并且支持地方经济。他在专著《国富论》中说得很清楚，他的经济模型所依据的假设是这样的：投资者会因地制宜运用资本，从而造福所在社区。

斯密认为，要先有多元本地化，才能让"看不见的手"发挥作用。

斯密谈论的不是自由贸易和全球化。他说的是公平贸易和本地化可持续发展，即企业成为社区的利益相关者，也就是我们现在所说的"利益相关者价值"！斯密要是出生在西雅图就好了。他肯定会恨死高盛、摩根士丹利、埃克森美孚和唐纳德·特朗普。他肯定会十分厌恶政府和企业，认为二者狼狈为奸。他认为政府是精英阶层的工具，他们用以收取赋税，然后借此发展仕途。他谴责那些操纵政府的精英阶层通过市场干预来维护自己的垄断权。要是美国最重要的改革派杂志《琼斯夫人》（*Monther Jones*）在1776年就发行的话，斯密肯定会成为"年度人物"，登上杂志封面。

斯密所说的私利是针对田园牧歌式的农村市场来说的，而联邦政府拿出刺激方案资助卷走数百万奖金的华尔街银行家则与斯密的说法相去甚远。银行在解雇数以千计的员工、拿民众退休金炒衍生品的同时，还资助政治竞选。斯密一定会竭力阻止这样的行为。

那么，我们究竟是如何从农民和工匠的劳动权益骤然跳转到全球性的市场自由化的？

理论萨满教和巫毒经济学

时间快进到1989年。在新近成立的华盛顿智库国际经济研究所，一位名叫约翰·威廉姆森（John Williamson）的经济学家发表了一个正式的理论方案，包含十项政策措施。这套方案是在一个纯学术机构产生的，与纷乱的现实世界完全隔绝，也是大家边吃午餐边分析出来的，看起来完美无缺，被当成拯救发展中国家的灵丹妙药。但这却是一种巫毒经济学。

这套理论认为，只要所有市场立刻实现绝对自由化，那么无限贪欲就能被广泛应用。这个框架扭曲了亚当·斯密的观点，而且还扭曲至极。

美国人忽略了种族、社会、宗教、人口和地理方面的复杂性。这一理论就是刻意求简，完全不考虑那些因素。

国际经济研究所提出的这个"新自由主义"框架立即得到了世界银行、国际货币基金组织和美国财政部的认可。这个名为"华盛顿共识"的模型顿时成为了那些机构的准则。无限贪欲从一个经济学假设一跃成为制好的金丹，被各种多边援助机构到处乱撒。

一代宗师亚当·斯密经过艺术加工后变成了经济界的安迪·沃霍尔（Andy Warhol）。威廉姆森随后也很懊恼，眼看着他提出的框架变成了"市场原教旨主义"的旗帜。

导言

华盛顿共识没用了

然后，这一框架出现在了常青藤盟校的课堂上，被叫作"休克疗法（shock therapy）"。这个模型随后被运用于发展中国家和转型经济体，完全一刀切，根本不考虑地理、文化和形势。休克疗法导致苏联解体，也让东欧的苏联阵营国家经济崩溃。在 1997 年亚洲金融危机中，国际货币基金组织强迫印度尼西亚和泰国接受了这一模型，最终酿成了经济和社会灾难，把民众推入绝境。休克治疗师离开之后，留下了源源不断的经济乱象、周期贫困和政治动乱。

这些都是主观信念引起的，与常识无关。

在美国，"市场原教旨主义"也支持放松经济监管。2008 年，这一做法的后果终于在美国显现出来。资本市场通过买卖债务杠杆产品来创造财富，最终导致次贷危机，把房子震垮。

我们认为资本市场是财富的来源，并在此基础上建起了整个金融架构。因债务而无限印钞会产生毫无价值的劣质资本。针对杠杆化金融产品的交易不断进行。

放松监管才是准则，亚当·斯密只是借口。个人和社区都被排除在外，本地文化和环境也被忽视了。

这样也无妨，因为自 20 世纪 90 年代末起，"全球化"就变成了一个神圣不可侵犯的词。跨国公司把生产力外包出去。大量资本涌入中国，但是中国是个监管严格的市场。企业管理人员就那么天真地认为他们能够渗透并占领中国市场吗？他们当然不是这样想的！他们真正的目的是在国际媒体关注之前进入国际市场分一杯羹，然后把股价推高。这样，高管们就可以直接卖了股份，安然退休。这对他们有利，可对其他人就不利了。

老街区不见了，个人意识和社区意识也没有了。豪华商场遍地开花，停车场里到处都是奔驰和宝马。在不同商场里，人们总能看到相同的品牌：星巴克、A&F、布鲁克斯兄弟、普拉达等。我们评判一个人的标准是看对方的车库里有几辆车，也看对方能买多少东西回家。狂买这些东西真的能让我们感到幸福吗？

何况，很多东西都还是赊购的。

1997 年，受对冲基金的冲击，本就摇摇欲坠的亚洲市场轰然崩盘，然后资本流出，涌向美国。我们的制度经济学家很傲慢地嘲笑"虎体经济（tiger economics）"。国际货币基金组织轻蔑地说亚洲需要进行"结构调整"。它们声称过多的资本和投机进入了房地产，但是"按照游戏规则来玩的"却不足。

然而，是谁定了那些规则？

新的规则突然冒了出来。1999年，《格拉斯－斯蒂格尔法案》(*Glass-Steagall Act*)被废除。这项法案于1933年获批，用以应对大萧条。该法案将商业银行和投资银行区分开来，从而保护储户，让他们不必承担投资和投机的风险。50年来，这项法案很有效，禁止了投行拿储户的钱去投资债务。20世纪80年代，里根推崇的市场原教旨主义风头正盛，于是银行业游说议员废除那项法案。信奉"新自由主义"的民主党人欣然同意。

从此，新自由主义就像打了兴奋剂。

股市狂飙突进。各种垃圾股都可以上市。不久后，美国率先只买卖债务，欧洲随后跟上。生产力已被外包到亚洲和南美。每年在达沃斯举办的世界经济论坛宣称此举甚妙。美国有高科技，打算利用互联网来掌管全球。然而，由于缺乏实际生产力，欧美大陆上曾经充满活力的制造业园区竟变成了"鬼城"。

不久之后，反对之声四起。

1999年11月30日至12月3日，世贸组织第三次部长级会议在西雅图召开，第一波反对声在此爆发。非政府组织及反全球化人士在场外多次发动示威游行，造成严重冲突，让整个会议以及世界都为之震惊。当时的美国贸易代表沙琳·巴尔舍夫斯基(Charlene Barshefsky)评论道："整个进程只允许少数人参与。（在西雅图峰会期间）参加会议的只有二三十个国家，也就是说有100个国家不能进来开会……这让它们非常难受，觉得自己被排除在外，只能接受会议室里那几十个特权国家讨论出的结果。"

此后近十年里，抗议者们大喊大叫着蜂拥围堵，不放过世界银行、国际货币基金组织、世贸组织、八国集团［现在的七国集团（G7）］和世界经济论坛的每一场大会。这就是所谓的"反全球化运动"。但他们在组织活动时使用的工具却是全球化的，即互联网和手机。这些运动是占领华尔街运动的前兆。他们所反对的后布雷顿森林体系机构完全无视大众的呼吁。主流媒体也是如此，干脆把这些抗议活动当作边缘事件不予理会，根本不相信这些非主流今后会变成新的主流。

然而，这些人并不是"非主流"。他们代表的是新的多数派，是无言者的代言人。

主流媒体网络不能为他们发声，因为这个被扼住咽喉的新多数派反对垄断企业。而媒体不是归这些企业所有，就是收了企业的广告费。

导言
华盛顿共识没用了

当然了，看到那么多资本涌入美国，谁还关心社区、种族和环境呢？资本得来太容易，人们就会拿钱干傻事。投机导致的互联网泡沫随后破裂了。我们自欺欺人地说互联网是一门有赚头的生意，然后开始让互联网公司挂牌上市。我们宣称这个"新经济"不需要资产和生产力，只要有好点子就够了。但实际都是通过"烧钱"来赚更多的钱。经济学家忘了供给和需求这些基本知识。要是敢说互联网行业供给过量，那就是政治不正确。美国人自认为在技术上有优势，因而自我膨胀起来。但是好景不长。谁也没想到，在印度，连小孩子都会入侵、复制和创建大量的网站。加州把互联网泡沫吹了起来。如今加州破产了，失业率为全美最高。

美国领导人自以为全世界都会接受这个做法（根本没问过任何人），试图通过战争把这个模式输出到中东，把中东改造成美国的样子。他们像罗马帝国皇帝卡里古拉一样疯狂挥霍军费，为此耗空国库，在2008年花了3万亿美元（现在则达到6万亿美元）。同时，美国国内货币流动性过剩，加剧了房地产泡沫。他们无疑是火上浇油。然后次贷登场，接着就是2008年的危机。

如今，美国有1000万人失业（"潜在失业"人数估计是这个官方数据的两倍），贸易逆差超过400亿美元，同时国债超过17万亿美元。美国人不禁要问：整件事是怎么发生的？我们要怎么解决这个问题？

像拆巴士底狱那样拆了象牙塔

我认为，我们需要的是一项新共识，而不是新理论。（伊拉克和阿富汗战争之所以爆发是因为大家相信"战争能解决问题"这种理论，但根本没弄清问题是什么！）这样的理论太多了。这本书并不拥护某一个经济学理论。

经济学不是关于理论的。经济学是对资源进行再分配，从而最有效地解决资源匮乏的问题。这就需要实用主义。而那些一心想获奖的学者创造的学院派公式并不是经济学的内容。

不要以为经济学只关注一件事情。经济学涉及很多不一致的情况，这些情况之前可能没有联系，也可能相互关联。经济学要求人们了解文化、宗教和社会因素。因为经济学与人类心理有关，研究人们如何应对所处环境中的变化、如何应对资源（不管是食物、水、油，还是资本）的匮乏或过剩。只用数学公式并不能笼括一切。

我们需要全新的经济范式，要用新方法来解决老问题，就是因为老方法不管用了。

为什么我们需要范式？

范式与理论、模型不同，并不是一成不变的。范式只是一套坐标，就像个罗盘。在通向目的地的过程中，我们可以参考范式案例，也可以不参考。领导人和决策者都太执着于模型，想要分清黑白、是非、敌我，喜欢比较资本主义和社会主义、全球化和本地化、自上而下和自下而上，而不考虑这些事情给我们造成的影响是好是坏。我们必须了解为什么看似相反的观点或对立的看法都能产生积极效果。也就是说，要是领导人和决策者能抛开意识形态上的偏见就好了。

我有个朋友是亚裔美国人，也是一位武术家。他对十几岁的徒弟们说，"生命不走直线"。同样，资本流动、气候变化，以及种族、宗教、文化情结也不是直来直去的。这些事情相互联系或相互矛盾，必须全面了解才行。这就是经济学上的万物互联法则。想拿到经济学学位应该先上一上武术课。

经济学关注的应该是寻找全面且理性的中间道路，从而平衡资源分布。僵化的政治利益考量会引起过度的意识形态之争，我们不能身陷其中。如今地球上的资源并未被高效利用，且一直在减少。想要生存下去，就要采用切实可行的方法。

寻找切实可行的替代之法

比起多边机构中给人们提建议的经济学家，街头民众能给出更明确的答案。对他们来说，象牙塔般的大学课堂和刻板的智库里都是局外人，而他们不需要局外人制定的模型。当地人的看法最管用，无论这个人是住在孟加拉国的瓦楞板房，还是住在雅典的工薪阶层公寓，抑或是住在底特律郊区的贫民窟。想要找到合适、可持续的方法，首先就要了解国情、社区和文化。

某个社会接受的做法可能不见容于另一个社会。尝试你自己的办法、采用本地方法并没有错。要弄清你自己的根本是什么、容忍度有多少。找出最适合自己的办法，然后就去做吧。

30年前，中国拒绝了世界银行、国际货币基金组织和美国财政部自发推销的新自由主义和休克疗法，决定推行自己的政策。这是"融合经济学"的首次试验。结果不言而喻。从1981年到2005年，约6亿中国人脱离赤贫。中国的贫困率从85%

下降至15%。如今，很多中国人认为脱贫仍是他们的第一要务。

几十年来，中南美一丝不苟地奉行华盛顿共识包含的方案。现在很多南美国家在巴西和智利的带领下参与新的共识，结果不言自明。

其中的经验教训是中国向其他发展中国家证明，除了华盛顿共识之外还有其他可行的选择，同时中国也推翻了市场原教旨主义。为了达到目的，中国大胆地将市场经济和计划经济相结合。中国立足国情，奉行实用主义，确立返璞归真的经济观，并不在意理论。这个方法确实激励了所有发展中国家打破陈规、寻求变通。

如今欧洲不仅面临着重大的债务危机，还要处理不得人心的财政紧缩政策。也许接下来欧洲会效仿前人，设计出自己的模型。

当然，中国的改革也付出了一些环境以及商业道德上的代价。但是中国摆脱了意识形态理论的束缚，让经济实现了飞跃发展。其他国家也想做到这一点。

如今，中国先富起来的人们几乎成为了全球消费者。他们的消费能力超越了日本人。在2011至2012年的欧债危机期间，意大利和希腊希望中国用主权财富基金购买两国债券。也许中国会买下罗马斗兽场和雅典卫城？不要醉心债务了好吗？专心搞好实体经济吧。没错，要有真材实料。还有，不要再炒互联网了，就让它留在加州好了。在给世人提建议之前不妨想想如何处理加州的问题。

中国的发展得益于实用主义，也就是同时采用计划和市场两种工具。我把这称为"融合经济学"。中国的成功不是通过放松监管实现的，当然也不是休克疗法造就的。

融合经济学到底是什么

我们都听说过融合烹饪法。沃尔夫冈·帕克（Wolfgang Puck）在旧金山开的餐厅是这样的：盘子是宽宽的中式瓷盘，摆放在盘子中间的是烤金枪鱼。实际上，就是在烤炉里烧西北松，把日本刺身的边缘部分烤一下。然后在周围撒上中国的芝麻，再摆上三根法国的芦笋茎，最后在上面浇一点印度酸辣酱。可以用筷子吃，也可以用叉子吃。整盘菜就像艺术品一样。

总之，融合烹饪法就是把看似不搭、实则相配的食材组合在一起。融合经济学也是如此，但是比麦当劳、肯德基、星巴克和坚宝果汁复杂。融合经济学并不是遵循单一模型，而是将许多不同的做法结合起来，然后创造出新的东西，从而取代旧的东西。

我阅读西方媒体的报道，看到有媒体说巴西、俄罗斯、印度、中国和南非（即金砖国家）实行"国家资本主义"。这根本是胡说八道。这五个国家的经济体系完全不同。它们在很多方面的唯一共性就是不参与华盛顿共识这一单边模型。这些国家都在做自己的事情，各自的做法大不相同。

金砖国家和77国集团（G77）都说明新的世界联盟格局已然形成，因为发展活力从一度工业化的"北半球"转移到了"南半球"。这应该是当权派最头疼的事情。这些奉行融合经济学的国家已成为工业产值、资源和生产力的新源泉。G77要与这些国家合作，否则就会黯然失色。这些国家的经济快速发展，大大改变了世界事务的运作方式，使之更为平衡，也创造出更加公平的新型多边环境。它们不着痕迹地建立起新的全球金融秩序，凭借的是实干而非空谈。这是由新的资本流动情况决定的。资本的流向是东方而非西方。

引导和计划只是部分影响因素。光靠自上而下的措施是不够的，自下而上的行动也很重要。中国的尝试推动了融合经济学的发展，但是这些尝试只是体现融合经济学的一个方面，并未展现全部内容。

推动融合经济学发展的另一股力量源自经济环境中的另一极。草根团体和非政府组织从商业活动中获取活动资金，不必受限于无效的多边援助和不健全的政府社会服务。它们的行为展现了一个新的概念，即社会企业。同时，跨国公司也意识到，若不顺势承担起社会责任，民众就会抵制它们的产品和服务。因此两者都朝着新的重心发展。

归根结底，经济学关注的是万物互联性。融合经济学侧重阴阳理论，力求可持续的平衡状态，使阴阳调和。

推行经济中间道路的时候到了。我们需要借助融合经济学来实现目标。但融合经济学不是沃尔夫冈·帕克烹饪法那样的新潮事物，而是返璞归真的方法，用经济上的务实和理性取代政治上的极端主义意识形态。

别忘了，如果出现的不是和平革命，那么就会产生暴力革命。

新的全球共识蓬勃发展

这本书介绍的全球新共识涉及融合经济学、慈悲资本、利益相关者价值和良心消费。这些都是新的概念，所依据的也是新的经济假设。

商业能带来就业，管理得好的商业更是能消除贫困、传授技术、赋权民众。社会企业能做到的事不仅仅是推出援助计划，因为这样的企业是能够自我延续的。如果企业有良心、有远见，那么就能强化个人身份和社区意识。这些并不矛盾。我们要考虑的是融合（如市场和计划、自上而下和自下而上），而不是分出黑白。环境保护和碳减排也能带动新一波技术、企业家精神以及商业的发展。

新的全球共识已经在很多方面显现出来。新的方法（不能再称之为"另类做法"）将取代僵化、衰落的布雷顿森林体系。这一现象在全球多地同时出现，而且还渗透了多个层面——本地、全国和多边层面。

然而，你在CNN、福克斯新闻和《今夜秀》（*The Tonight Show*）上看不到这些内容。在我们看电视、刷Facebook和Twitter的时候，这些事就在我们的眼皮子底下发生了。

我们的教育里没有这些东西。一流智库和学院里的理论家所认可的也不是这些，而晨间节目的评论员也不说这些。

那么，总要有人说出来。

通过自身经历来连点成线

《世界的未来：中国模式对全球新格局的重塑》是我对过去30年的思考，我以讲述自身故事的方式把这本书写了出来。这本书讲的不是理论，而是我的实际经历。

我的旅程要分为四个部分来说。

第一部分：融合经济学。讲述中国抛弃意识形态、奉行实用主义、结合计划和市场工具，从而走出经济泥淖，变成经济强国。东南亚国家的类似转变进一步说明了我们习以为常的模式并非唯一方法。实际上，没有什么模式是不可更改的，还有很多其他的选择。要往里看，不要往外瞧。答案就在你身边。

第二部分：实用理想主义。讲述社会企业的形成，进而阐释慈悲资本和利益相关者价值的重要性。人们的动力不仅仅源于利益。在这个新时代，社会企业家（需要资金）和跨国公司（不得不承担社会责任）努力寻求新的折中办法。这样既能帮助社区，又能保护环境，而且商业是最经济、最高效的途径。

第三部分：多元本地化。探讨融合经济学如何将自上而下与自下而上相结合。利用经济手段带动社区发展，维护社区的可持续性和特性，就能最有效地保障水资源和食品安全、防止暴力事件。这适用于底特律，也适用于达卡和达喀尔。

第四部分：新的地球共识。探究全球抗议活动的根源，提出解决办法，引导大众走向可持续发展的未来。在资源减少的情况下公平地分配资源才能维护世界和平。政府的当务之急是改造庞大的电网，也就是要用可再生能源代替化石燃料。环境经济学能创造新的就业机会，同时新兴经济体正在改变游戏规则。

非主流成为新主流

这本书是从个人经历的多个层面来叙述的。无论是在中国、非洲、喜马拉雅周边的国家，还是在欧美，我发现农村和城市里沉默的大多数，即青年一代和关心社会、环境的企业家，并非如此沉默。他们切实践行整体价值观，开始为我们的地球和子孙后代构想一个共同的愿景。

这是喜马拉雅共识和非洲共识所包含的概念。这些概念在世界上很多地方流行开来。金砖国家的很多倡议也是为了创建多边世界，而不是建立双边或三边世界。很多发展中国家的领导人想要建立新的全球金融架构，而区域共识这一理念正好与之契合。这样做的目的不是替换旧的结构，而是建立一种与现有结构并行的金融架构。

与此同时，已经感受到气候变化恶果的国家又意识到，现在要进一步推进环境经济学。

经历很重要，无论经历的是挫折、失败还是成功。答案源自经验分享，力量来自团结合作。不管这些齐头并进的全球趋势差别多大，很多趋势的愿景是一致的：建立无贪欲的世界经济（实际上指的是不受贪欲操纵的世界经济）。

也许我们自己都没有意识到，我们共同促成了一项全球运动。不管华盛顿智库和世界经济论坛同不同意，这项新的地球共识都会成为新的主流。

当然，可以通过和平变革来实现。

第一部分

融合经济学
埋葬意识形态、摆脱理论学说、奉行实用主义

Fusion Economics
How Pragmatism is Changing the World

> 泽中有火,革。
> 豹变为虎之象。
> 改旧纳新之意。
> ——周易

我们要用务实、全面的经济学来代替理论学说，还要废除市场原教旨主义的教条。奉行经济中间道路的时候到了。

中国的做法有两个可供大家"打包带走"的"重点"：第一，没有一个模式是普遍适用的；第二，基于意识形态的经济学是不切实际的。中国政府让市场有序发展。市场失灵的时候，政府再把它拉回来。如果财政措施、税收和利率都不管用，那么政府就会果断采用行政手段，规定费用和配额。它们并不在意你怎么看，只要做法奏效就行。

其他亚洲国家都在注视着中国的尝试，然后开始实施自己的"融合"经济学，将市场和计划混合起来，混合比时大时小。越南、老挝和马来西亚就是混合经济体。每个国家都根据国情走自己的路。这些国家想要进行"有序的"、循序渐进的改革，并不采用"休克疗法"。巴西、俄罗斯、印度、南非（金砖国家）和77国集团（G77）很重视中国的做法。它们借鉴有用的、抛弃无效的，不囿于意识形态和理论学说。

虽然中国还有难题未解，但中国证实了其他选择是可能存在的。中国大胆地将市场和计划两种工具相结合，把本国经济状况从匮乏转为过剩，从欠发达国家变成消费财富可观的国家。

在20年里，中国的脱贫人口比历史上任何国家的脱贫人口都要多。当然，快速发展的背后难免存在一些问题，如环境污染、传统文化的丢失等。满屋子的名牌产品并不能给人们带来幸福感。奢侈消费带来了贪欲谜题和扭曲的价值观。

任何东西过量最终都会于己不利。不管是在经济上还是在政治上，物极必反是常理。

我们需要经济中间道路，也就是更务实、更全面的做法。我们需要开始奉行融合经济之道。

01

迈出中国改革的第一步
终结意识形态，开始求真务实

Fusion Economics
How Pragmatism Is Changing the World

匮乏的经济与猜疑

1981年春末，我第一次来到北京。当时气温已经相当高，机场像个烤炉一样闷热难当，让人汗如雨下。机场里根本没有行李传送带，只有绷着脸的工作人员把行李箱一股脑地从车上扔下来。他们根本不管你的包里装着什么，缺乏服务意识。这就是人们当时的工作状态。他们看上去有点冷漠。

我仍记得，机场的天花板上以红星为装饰，这体现了当时的特色。当我走出洞穴般的机场时，北京的炎热暑气扑面而来。我后来才知道，这座城市几乎没有春天。等候在机场外的人要么穿着绿色军装裤，要么穿着蓝色工装裤。男男女女都身着薄透的普通短袖衫。我试着用蹩脚的普通话问路，但无人应答。他们只是盯着我看。

我就像个从天而降的外星人，仿佛置身《猩球崛起》（Planet of the Apes）之类的科幻电影里。

从首都机场到北京市区的路又老又窄，显得长路漫漫。道路两旁挺立着一排白杨。大巴车中途坏了好几次。每次大家都议论纷纷，然后努力修车。当时中国的经济就像那辆大巴一样！

和当时大多数外国人一样，我的第一站也是友谊商店。这是专供外国人消费的百货商店，共有五层，又大又深，当时是长安街上最高的建筑。我买了一瓶可乐。可乐是进口的，售价1美元。当时的中国人绝对无法想象花那么多钱就为了买瓶饮料。当年只有一种国产饮料，叫作"汽水儿"，意思是"带气儿的水"，味如其名。汽水的颜色泛着绿和橙，深浅不一，如同朋克少年染的发色。我的中文老师实在想不通为什么我要花1美元买瓶可乐，并当面对我说这样做实在太堕落了。当时，普通中国人是不允许进入友谊商店的。当然，也鲜有人买得起进口可乐。

在那个闷热的日子里，买可乐这样简单的行为凸显了发达和不发达国家之间的误解与隔阂。那瓶1美元的可乐能够与我所知的所有经济学假设相提并论。

当时大多数中国人没办法挣到很多钱，因为1981年在中国的市面上流通的钱并没有那么多。就算是有钱也没什么东西可买。大多数国营百货商店的货架空空如也，要不然就只有蓝色和绿色的裤子可卖，友谊商店自然是个例外。

那是物质匮乏的时代。

当时我还是一名初出茅庐、充满理想主义的大学交换生，萌生了改善中国经济条件的念头。每当我用廉价白锡杯盛满黏稠难喝的上海产速溶咖啡时，是那个念头让我又重新充满了动力。不久之后我学会了饮茶。每天我都肩背绿色军用包，按时去上中文课，立志要学会这门语言，这样才能获得潘多拉宝盒的钥匙，为解决这个国家的窘境贡献一份力量。

当时的中国经济之落后让我颇为震惊。我来自美国，来自最富裕的社会，势必要先了解当时的中国一无所有的境况。能不能改变这种情况呢？每天下午，南开大学的湖边都会聚集一些中国学生。他们把红宝书当礼物送给我。

这些中国同学爱开玩笑、会抽烟、大多留毛刺头，其中有些是军人。他们在这里接受培训，将来投身国际关系事业。我几年后才知道，他们的培训内容也包括与我交朋友。我们的友谊十分纯粹，就是他们跟我学英语，我跟他们练中文。其中一些人成为了我终生的朋友，也是我得以真正了解中国的关键。

李浩先生的远见卓识

在我当导游勤工俭学的时候,参团的一对夫妇向我提起李浩,说他是夏威夷东西方中心的主任。李浩是美国乒乓球队的翻译,随队见证了中美关系的破冰历程。他也是研究中国法学领域的权威专家,写了一本书,名为《不需要律师的法律体系》(*Law Without Langers*)(标题已然说明一切)。同时,他还是夏威夷大学法学院的教授。

我于1983年来到了绿树成荫的夏威夷大学,拜访位于此处的东西方中心,并出席了一个关于中国法学的圆桌会议。在会议间隙,我主动与李浩先生攀谈,并表明自己想当他的研究助理。他听到我说普通话而卸下防备,立刻就答应了。不久后,我就入读夏威夷大学法学院,在破旧的帕克小巷租了一间公寓,房前有一些日式夫妻杂货店和一个有机菜市场。

李浩先生说话轻声细语,算是一个性格内向的思想家,时刻保持着自持。他教我们,看待任何一个问题(经济、法律、政治、商业)都要同时从不同的种族、文化、地理等多重角度来分析。这种思维方式就是融合经济学中的重难点。

承蒙他的教导,我成为了一名律师和经济学家,专门研究中国问题。然而,中国事务并非全与法律有关。

有一天,我来到他的办公室,看到他无力地揉着眼睛。我开始向他汇报中国颁布的一部新法。他指着亚太地区的地图说:"我对中国法律不感兴趣了。我已经开始研究这个问题。"

"什么问题?"

"亚太问题,以及中国如何在未来十年凭借经济权重来改变亚太国家和权力结构。"他高瞻远瞩,看到了初露端倪的问题,而其他人在20世纪80年代根本想不到这些问题。

我毕业后重返中国,没想到一些老同学竟然来找我。他们邀请我参加一些会议,并在会上迂回地提出经济方面的问题。

中国领导人并不喜欢空谈社会主义。他们想要进步,因此以实用主义为先。他们积极采纳各种新颖的观点。

20年内,中国就从一贫如洗转变为各种产品和服务都过剩的状态。30年后,中国成为了全球第二大经济体，成为最有实力与美国抗衡的经济力量。

完全想不到这一切发生得那么快，而我竟然也参与其中。犹记得那天，天气燥热，我在友谊商店喝着可乐，表情严肃的店员从积灰的柜台后望过来，柜台里堆放着怪异的玉雕和从日本进口的盒形电视机。

摇晃的自行车和实用经济学

1978年底，在遥远的安徽省，18户农民签订了"包产到户"的契约。这听着简单，但却与当时严苛的经济政策相违背，着实是惊人之举。到了收获季节，他们按指标上交粮食，然后卖了余粮赚钱。直到这时，他们签约的事才上报到政府。当时的地方政府非常支持他们的大胆之举。后来这种做法被称为"家庭联产承包责任制"。

参与这个试验的人能够自主生产粮食和蔬菜。这个小试验彻底改变了中国的面貌。

安徽进行"家庭联产承包责任制"试验之后，中国民众私下在传"自由市场"这个词。一些大胆的农民没有袋子就用粗布把蔬菜和花生包起来，然后蹲坐在路边，卖了东西换钱。重点是他们可以自己留着那些钱。人们激动地议论纷纷。

自由市场由此拉开了序幕。但是没有人敢公开提"市场经济"。自由市场处在中国经济的边缘位置，是在路边的东西。

1981年，我在天津读书，发现大学校门旁边出现了一个新兴自由市场。当时人们没什么其他选择。因为没有冰箱，所以大家每天都要排队去买吃的。国家的食品供应还比较匮乏，国营商店的店员态度也不好。人们每天拿着票据到那些国营商店去换取生活必需品。要是你没有供应票证，就算有钱也买不了大米和白面。

然而，在一街之隔的自由市场上，农民出售各种瓜果蔬菜。这里的东西丰富多样。人们直观地看到了区别。

每当学校食堂供应猪油渣时，我们学生都非常兴奋，因为市场上没有肉卖。有一次，我和一个同学经过一家国营商店，看到橱窗里有一只小小的烤童子鸡。我们从来没见过这样的场景，也根本没有意识到，这只倒挂的瘦小烤鸡意味着经济改革见效了。

在中国，任何一件东西都是一用再用的。而在美国，从能源到食物，那么多资源都白白浪费了。所以，这既让我感到震撼，也让我受到了教育！

来中国之前，我在杜克大学读书。在杜克大学的餐厅里，有一次一位美国学生在大口吃一个巨型牛排三明治，一个中国台湾学生指着他说："那两片面包里夹的肉比我们一家六口在晚餐时吃的肉还多。"这种对比让我觉得很是心痛。

在南开大学，要是笔不出墨，学生们会往笔管里加水，然后墨就会出来。每一片纸都写得满满当当，不留一点空白。在这个社会里，没有什么是浪费掉的。

我在中国时买了一辆自行车。用了整个夏天，用得车都散架了。每天都要更换不同的配件。质量很差。到最后，那辆车跟刚买来的样子完全不同了！骑着嘎吱作响的自行车穿过泥泞多坑的天津街道，难以想象未来某天中国会主宰全球出口市场。

整个社会还弥漫着天真质朴的气息。每天晚上。我沿街表演小时候就学会的一些简单魔术，借此与人结交，练习中文。人们围着我大笑，让我一遍又一遍地表演。他们一直看着相同的魔术，好像永远都看不腻。

在那个社会里，金钱没有那么重要，其实也并未开始大量流通。

有一次，我买东西时多付了一毛钱（中国的10分钱），卖家就跑遍全城来找我，一定要把一毛钱找给我。最后他找到我在南开大学的宿舍，为他的疏忽表示歉意。

所有课程结束后，我离开南开大学的时候也到了。学校为我们这些外国学生举办了一场宴会，结束后老师们用铝饭盒把剩菜打包带走。他们把包拷在身上，包带压着的薄透衬衣好像从来都不合身。当时很难想象，30年之后，中国发展起来后就抛弃了那些军用包，改用普拉达和路易威登的服饰。现在中国人也会像其他国家的人一样蜂拥购买这些奢侈品。

当我把自行车卖到新开的黑市上时，根本想不到现在会变成这样。

开窗通风换气，严打入户苍蝇

在整个20世纪80年代，中国都在努力进行改革开放。当时的中央政府内部关于经济发展的意见出现了分歧。有人主张"鸟笼经济理论"，认为市场可以在国家计划经济这个笼子里扑腾，就像长尾鹦鹉那样，但却不能自由飞翔。有的人认为应该打开笼子。

到了1987年，改革之风吹来。香港的商业精英意识到巨龙苏醒，感觉机会来了。一些人从各种迹象看到了政治上的变化和开放。1988年，一群年轻的中国经济学家受到新自由主义学说影响而向中央进言，建议改革物价，不必治理通货膨胀。这就是不折不扣的"休克疗法"，正是美国顾问向克里姆林宫极力推荐的做法。正是这项建议导致苏联经济崩溃。

中国政府对于通货膨胀十分敏感。很多老一辈领导人都不认同休克疗法。

当时的中央政府召集国内的经济学家开会。年轻一派热衷于休克疗法，主张立刻放开价格管制，同时取消所有针对谷物和大米的补助。而更为成熟的经济学家——吴敬琏和马洪，提醒说应先控制通胀，解决通胀后才能逐步放松价格管制。但是政府没有采纳后者的建议，还是决定采取休克疗法、放松价格管制，于是中国经济形势曾一度陷入一片混乱之中。

直到1992年，中国政府才在吴敬琏和马洪等经济学家的倡议下，开始着手解决通胀问题，并进行深入的改革。

当时，我供职的那家法律事务所推断中国大陆已无商业前景，而东南亚的经济日益繁荣。事务所的合伙人认为不如把钱花到别的地方。他们商量着要在中国台湾开一个办事处。我提出了折中的办法，就是在越南或老挝开办事处，因为这两个欠发达的社会主义国家即将开放市场。这听起来很疯狂。之后的命运转折改变了一切。

接下来要讲另一个与融合经济学有关的故事。

02

巫毒经济学

摒弃外来理论，采用本地解法

Fusion Economics
How Pragmatism Is Changing the World

少点休克，多点疗效吧

1990年，万象。我坐在巴妮·雅陶都女士（Pany Yathotou）提供的办公室里。当时她担任老挝央行行长。窗外的街景如同明信片上的法国农村小镇，只是树丛太过繁盛，餐馆的吊扇嘎吱作响，糯米和可颂一起摆在编织紧密的小篮里出售。穿行于湄公河上的大舢板慢慢悠悠地驶过。

巴妮·雅陶都女士很文静，始终用老挝式的柔美微笑面对难题。不管那一周货币贬值了多少，她依然显得镇定自若。她穿着黑色的传统长裙，绣着红色和金色图案的裙摆垂落到凉鞋上。她的助理是个漂亮的老挝女孩。我们讨论了金融和银行危机这样的大事，也提到了那天自由市场上的高通胀，但她始终咯咯笑着，并用一只手羞涩掩面。

亚洲开发银行任命我为巴妮女士的顾问，并负责协助规划老挝的金融和银行改革，以便今后立法执行。

投资者的所有目光已经从中国转向了东南亚。

1986年，越南实行开放政策，并称之为"Doi Moi"，意味"新思想"。时任泰国总理的差猜·春哈旺（Chatichi Choonhaven）呼吁"将战场转移到市场"。老挝响应号召。这些国家的改革显然是效仿中国在1979年提出的对外开放政策。显然，越南人懂得变通。有人相信越南会比中国先实现自由化。

但是，虽然越战已经是上一代发生的事了，但美国却一直对越南实行武器禁运，致使对越多边援助受限。没有办法，只好从亟待改革的社会主义国家里再挑出一个。华盛顿办公室里的援助专家依次把中国、越南和柬埔寨划掉了。

果然，新上榜的就是寂静的老挝。美国没有针对老挝实行武器禁运，甚至连驻老挝的大使馆都没有。世界银行和国际货币基金组织之类的机构把老挝当作新自由主义改革的新试验田，为进入越南进行预演，最终又会回到中国。

亚洲开发银行起带头作用。亚行看中我在中国的经历，于是把我招进来，让我负责帮助规划老挝的金融改革。改革的内容就是将商业银行与央行分离，并实行外汇管制，从而稳定汇率、缓解通胀。而且还要规划公司立法，让商业合法进行。

我的办公室和巴妮女士的办公室隔着一条走廊。我坐在里面，头顶上的老旧吊扇嘎吱作响。我深吸一口气，思索着该如何同时解决这些问题。最后我决定一步一步地走，循序渐进。这显然违背了世界银行和国际货币基金组织的意图。

寻找切实有效的替代之法

一个炎热的下午，巴妮女士召集工作人员开会。她的助理端着一个托盘走进来。托盘上颤巍巍地立着玻璃杯，杯身高得离谱，好像应该当花瓶用。但每个杯子都倒满了百事可乐。巴妮女士向我们说明，百事公司在老挝开了一家合资灌装厂，所以央行决定将百事当作国饮。随后她问起休克疗法。

休克疗法是美国学术经济学家杰弗瑞·萨克斯（Jeffrey Sachs）创立的理论，是当时的发展准则。休克疗法宣扬迅速对国有企业进行私有化、取消所有补贴和价格管控、立刻放开外汇管制，以及开放资本市场。简而言之，就是让计划经济经历"休克"而进入市场。这实际上是下沉策略或游动策略。

其中隐含的假设是每个人都认同美国式的资本主义，然后经济就会游动起来，因为亚当·斯密所说的"看不见的手"会促使每个人都做出正确的决定。

这种想法太过天真,而且显然是在脱离现实的课堂上集体讨论出来的理论。然而,因为哈佛大学和哥伦比亚大学的教授赞同这一想法,所以大家不假思索地把它当作灵丹妙药,位于华盛顿的多边援助和借贷机构更是立马就接受了。这种新自由主义的"市场原教旨主义"纯粹是根据理论推想出来的。

很多发展中国家的人将之讽为"巫毒经济学"。

这个理论多靠主观臆测,不顾客观事实,还姿态傲慢。这种态度就是想说"我比你懂"。要是"我们的方案"普遍适用,那也是"因为这是我们的方案"。在与发展相关的论述中,这种观点比比皆是,一直持续了近20年。接受援助的一方因此勃然大怒,但也别无他法,只能忍受这种轻视,因为这些国家需要拿到优惠贷款来谋求发展。

可以想见,在大多数实行休克疗法的国家,例如苏联,经济因休克而崩溃。政治和社会危机随之而来。

巴妮女士问是否还有别的办法。

有。那就是有条理地逐渐松开国家管制,从而创建市场经济。目标是实现平稳过渡,要演变不要突变。利用市场和计划工具,这两样并不冲突。可将这种渐进方法运用于经济、财政和金融政策,也可用到法律上。

我注视着高脚玻璃杯里的甜腻黑色汽水,感觉闷热得有点想吐。绿茶更能消暑。然后我毫不避讳地说老挝的茶和浓咖啡会比百事可乐更适合当国饮:"要为自己感到骄傲。制定经济和金融政策时要考虑到文化心理。起草法案时要想想地方风俗。否则,无论你做什么都是不切实际的。"

巴妮女士点头表示赞同。她作出指示:用有效策略!

佛教寺庙把大米布施给当地农民,以换取他们的部分收成。这是信用合作社的作法。村长借助传统方法来解决家庭、财产和贸易纠纷。调节和仲裁的流程正是根据这些地方的风俗形成的。我经常想起李浩的《不需要律师的法律体系》。

所有这些都在休克疗法的背景下上演了。

世界银行的司法改革项目鼓吹将纽约式的公司法引进老挝,让这个国家休克,然后实现现代化。但是老挝是个小国,法令不多,律师就更少(他们真幸运)。我去问世界银行的司法专家,想知道他们究竟是想扶持私营企业还是想打压这些企业。

我的举动激怒了他们。

要是法规过于复杂，那么谁还会去看那些条文？谁还会照章办事？（多数国会议员根本不看那些待表决的法规就投票，但是他们的决定直接影响到人民。）

跟纽约黄页簿一样厚的法典只会加剧官僚作风。安坐智库中的教授和顾问们编纂出高级精密法规，但这些法规可能并不适用于他们想帮助的人。

重点是要鼓励人们在社区开始做自己的事。如果依法注册私企时还要读懂天书一样的法律条文，那么人们就懒得去注册了。他们干脆非法经营好了，于是黑市就会出现。休克疗法整垮苏联之后，俄罗斯就出现过这种情况。不如试一下实用、易读、好懂的法规。这样人们就知道法律的意义了。

当人们接受市场经济时，市场经济才会发展起来。不要强行灌输脱离现实的东西。要是强加的东西只是个理论，那就更加危险。

在老挝，私营企业这个概念都还只是处于萌芽阶段。我想了解一下现实情况，于是就请巴妮女士的办事人员安排我们去参观一下负责企业注册的部门。

我们选择去经济、计划与财政部下属的一个部门（他们还得先找这个部门在哪里），就是一楼转角那个灰蒙蒙的房间。有个办事员正趴在唯一的柜台上睡觉。他负责看管两个越战时期的老旧金属柜，里面塞着几份积灰的文件。那些就是所有的企业注册资料。

起草新的公司法时，主要目的是界定存在的公司形式。老挝有三种企业：国有企业、公私混合企业和私营企业。很多人搞不清楚这三者的区别。对他们来说，这些都是"企业"。

那里没有有限责任公司和合伙企业。他们之前也不必了解这些概念，所以要依据现有的概念来创建这些结构。那么现有的是什么呢？先要阐明概念，让人们了解这些内容，并且知道能用这些东西来做什么。下一步就是讲解如何注册各类企业以及如何使企业资本化。什么是有限责任？有限责任如何保护投资者的利益？我把所有内容浓缩在了五页纸里。这个阶段并不需要详实的法典。政府可以直接颁布一项企业法令，以后有需要就再添加法规。

世界银行的顾问震怒了，跑到司法部去投诉。我确实对此一无所知。直到有一天晚上，有个人来敲我的房门。他是坎伦·沙雅拉（Kham Leuang Sayalath），时任部长会议办公室主任，也是巴特寮（Pathet Lao）神秘领袖凯山（Kaysone）的个人顾问。

他来到我下榻的宾馆。宾馆外是在月光笼罩下缓缓流动的湄公河。开车送他过来的是一位健壮的将军，名为通帕川·松纳西那（Thong Phachuanh Sonnasina），时任内阁部长。他们开着一辆嘎嘎作响的七十年代大众甲壳虫来到宾馆。

坎伦走进我昏暗的房间，把我起草的企业法令重重地摔在桌子上。"我知道你明天要去见司法部副部长。"他的嗓音沙哑，而且说话时手势颇多，非常不像老挝人。我总觉得他可能有部分越南血统。"所有这些外国律师都跑来跑去地说要'改这句话''改那个词'。改得够多了！老挝是个穷国。我们要有法律才能发展。所以直接制定法律，一大堆的法律。明天你去见副部长的时候，就说是我说的，让这条法令生效！"他看到学者还在争论语义，显然十分心烦和失望。他的意思是要制定基本的法律来监管银行业和商业。他需要清楚、直接、非常基础的法规来建起一个经济体系。

坎伦来也匆匆，去也匆匆。那位将军开着嘎嘎作响的甲壳虫载他离去，隐入蚊虫飞舞的夜色中。

游牧民族创造了流动资产

一天早上，蒙古人民共和国驻万象大使馆突然把我叫了过去。当时，遥远的蒙古也属于社会主义阵营，与老挝关系密切。

蒙古驻万象大使苏伦·巴德拉尔（Suren Badral）在大使馆的接待室热情欢迎了我。我们坐着的沙发上方挂着一幅油画，画的是蒙古的游牧民在骑马。我想起自己小时候很爱骑马。他微笑起来，指着那幅画说："以后有机会我带你去那里。"

他对老挝央行正进行的改革很感兴趣，说未来某天他可能会让我把同样的方法运用到蒙古。

7年之后，巴德拉尔担任了蒙古国总理门德赛汗·恩赫赛汗（Mendsaikhany Enkhsaikhan）的外交顾问。果然，世界银行建议蒙古制定公司法，从而加快私有化进程。年轻的总理却想采用别的方法。我一收到巴德拉尔的通知就从北京飞往蒙古国。一到蒙古我就感受到仲夏的凉爽空气，而我发现的第一件事是蒙古人民还住在蒙古包里。在从机场开往首都乌兰巴托的车上，巴德拉尔指了指那些木头和水泥结构的房子，重点是每间房的前院都有一个蒙古包。他解释道："人们就算住进了好房子，也还是要在院子里放一个蒙古包。有时候他们更喜欢睡在里面。"

就连高大空洞的苏联式国会大厦里也有蒙古包，就搭在中央庭院里。巴德拉尔说："总理更喜欢在这里面开会。我们是游牧民族，这是我们血液中流淌的东西。你不可能让游牧民定居在某个地方。所以我们要是不能骑在马背上，就宁愿住在蒙古包里。我们要迁徙的时候总能把蒙古包扔上马背。然后我们就骑着马去下一个地方。但你不能带着房子或者国会大厦迁徙。所以蒙古包给了我们安全感。"

意思就是说，来自不同文化和地域的人就是根据所处环境的经济相对性来看问题的。因为他们能迁徙，所以他们的安全感不是来自房子，而是源于蒙古包和马。这是游牧民族的想法，与我们习以为常的观念不同。但他们觉得这种想法是完全合乎逻辑的。

那天晚上，巴德拉尔给我看了一部法律，像黄页簿那么厚。"这就是所提议的公司法吗？"其实我不必多此一问。随意翻阅之后我说道："你知道，我之前看过的。"然后我有了主意，"明天你能带我去乌兰巴托的企业注册部吗？我想亲眼看看。"

果然，那个部门位于一栋苏联式旧楼的一个小房间内，里面的木柜子怀旧感十足，几个注册文件胡乱塞在柜子里。一个蒙古官员正趴在一张大木桌上睡觉。

第二天早上，总理接见了我。守卫着他办公室的彪形大汉就像是从讲成吉思汗的历史书上走出来的。他们严肃地审视着我，然后爽朗地扬起手，示意我可以进总理办公室了。此外就没有其他的安检程序了。

总理听得很认真。我们列出了各项事宜。蒙古国是全球最大的内陆国家，当时的人口为250万。一半的国民住在乌兰巴托，其余为游牧民。在游牧地区几乎没有实物货币在流通，而游牧民并不在意。复杂的公司法并不会促进自由企业的发展，反而还会起到抑制作用。而一部简明的法典不仅能实现国有企业私有化（显然是世界银行的政策目标），还能让游牧民自主创建畜牧公司或合伙企业。我还建议建立一个针对羊和马的估价系统，允许游牧民登记这些资产。总理看起来很喜欢这个想法。在很多情况下，羊和马就是游牧民仅有的实物资产。

我很好奇游牧民在冬天如何照看这么多的牲畜，毕竟冬天的大草原覆盖着白雪，而且储存粮草也不是件容易的事。

巴德拉尔告诉我，"这根本不成问题。人们就把它们放了。"

"你是说把牲口放了？"

"对，让马在冬天自由奔跑。它们天生就懂得怎样生存。我们不用考虑这个问题。"

"但是这些资产就没了？"我吓得目瞪口呆，想搞清楚该怎样在游牧企业的账簿上记录资产贬值。

巴德拉尔大笑着说："没问题的。到了春天，牧民出去把马赶回来就行了。它们是流动资产。"

老挝式宪政改革

回到老挝，我骑着自行车去国会大厦，路上经过横穿万象的林荫大道，很像香榭丽舍大街，而雄伟的老挝式凯旋门耸立其上。拱门上有精心雕刻的繁复图案，展现了老挝守护神舞动的样子。管理人员轻笑着告诉我，越战期间，美国人给他们水泥，想在这里建一条战斗机跑道，但是老挝人民却用那些水泥建了这座精妙的拱门。他们为此感到无比骄傲。

穿过拱门，我的自行车嘎吱一声停在一幢宏伟的新楼前面。最高人民议会（老挝国会）秘书长沙曼·苏瓦纳萨奥（Samane Souvannasao）在楼外等我，他还戴着一顶安全帽。他的头发灰白，和很多巴特寮高层一样拥有法国绅士气质。新的国会大厦还在建设当中，而他亲自监工（当然，身为秘书长，这也是他分内事）。他自豪地向我介绍了入口处一幅明丽的壁画，上面描绘着充满老挝特色的历史古迹和佛教圣地。

到了他的办公室，他给我看新宪法草案的章节。"最高人民议会"被换成了"国会"。因为老挝准备实行市场经济，所以要减少社会主义用语。但改造的关键在于财产权问题。困扰他多时的是土地征用权的问题，也就是说政府要征用私有土地。我建议加上一些条款，按照公平市价给物主补偿。

但是公平市价是多少？巴特寮执政以来都还没有房地产业。

因为巴特寮领导层面临很多问题，既有政治问题又有经济问题。他们看到莫斯科经济从一个极端走到另一个极端而最终崩溃，害怕这样的惨剧再次上演。他们想了解中国正尝试的中间道路。

一天晚上，老挝的街道空旷漆黑，一位语调柔和、身材魁梧的官员来访，邀我去树林掩映处的一座法式公园。他是西沙瓦·西赛（Sisavath Sisane），既是央行的执行副行长,又是经济、计划与金融部的副部长。这两个职位是有冲突的。而且,他还是凯山的私生子。在园子里,他们提供的法餐是我此生吃过最好吃的。这些隐匿的别墅餐厅是高层专属,是巴特寮的米其林餐厅。西沙瓦问了我关于苏联解体的一些事情。

货币穿梭外交

1993年,河内。细雨迷蒙,沿着磅礴大湖骑行的三轮车车夫浑身湿透。迷雾散去,顶部呈弧形的亭子和精致的拱桥显现出来。还剑湖四周有绿树成荫的法式街道,摩托车东扭西歪地呼啸而过。

有条小马路通向一个像是公园的地方。在这座殖民时代大楼的显眼位置处悬挂着一幅胡志明的单人画像。我走进越南国家银行,看到天花板上的大幅铁艺装饰,上面还镶嵌着玻璃。在前台接待我的越南女孩可爱迷人。她穿着开口到腰的越式长袍和松垂的裤子,裤脚盖在精美的凉鞋上。

越南国家银行邀请我来到河内。他们完全了解我在老挝的工作。越南在那边有既得利益,而且还有一个错综复杂的情报网。越南共产党喜欢用"唇齿相依"来形容与巴特寮的关系。悠闲自在的老挝人每次听到这样的话都会感到难堪。老挝人民有个说法:"有些事情,老挝人是为了自尊而去做,越南人则是为了钱。"

我曾受邀来越南就货币问题提出建议,而且直接与越南央行的外汇部门打交道。外汇部的负责人叫阮营雄(Nguyen Doanh Hung),是个很有活力的人。他经常让我就外汇事宜提出建议。因此,某种央行穿梭外交在越南国家银行和中国国家外汇管理局之间展开了,目的是把中国的法规引入越南。当时,两国关系仍因1979年的边界争议而十分紧张。但是两国体系相似,因此都密切关注着彼此的改革措施。

1993年,越南货币危机爆发。十美元现金就能换取砖头似的成捆越南盾。人们把成捆的钱胡乱堆在自行车上,带去商场买菜。大家担心日益加剧的通货膨胀会让越南盾继续大幅贬值。

在这种情况下,休克治疗师建议立即实行货币自由兑换。但这是最不合时宜的措施。要是这么做的话,货币肯定会继续贬值,加剧通货膨胀,人们就会上街抗议。而且,所谓的"国际货币基金组织灵药",也就是取消主要商品的补助,必然会导致经济混乱。这正是1997年亚洲金融危机期间在泰国和印尼出现的情况。

当时，越南央行推出了一些有用的措施：强制冻结贷款、大幅加息、急剧减少货币供给。而中国政府也是采用这些办法控制住了1994年的恶性通胀。

这些措施其实是将行政命令与一些财政手段结合。有些人可能会说这些强硬措施带有国家计划的影子，反正政府进行干预了，所以这不符合新自由主义模式。

但这些措施的确管用。

越南盾危机过后，阮营雄和我坐在他的办公室里，就在越南国家银行里面。那间办公室的天花板很高，还带着石头栏杆，下面就是摩托车呼啸而过的嘈杂街道。胡志明的画像占据了房间的显眼位置，国家银行的所有办公室都是这样。

阮营雄说了他对于此次危机的分析。货币黑市、货币贬值、剧烈通胀都与突然开放的经济、人民渴求的进口商品以及随之而来的放松管制有关。民众的反应就是用钱投票。民众还记得以前那种更为痛苦的萧条和紧缩，就滥用机会过度投机。这是金融危机的固有模式。

扛着一捆捆砖头似的现钞去市场的场景让人想起战时的货币危机和通货膨胀。这会渐渐削弱民众对于政府的信心。央行的应对之法是减少货币供给，同时发行重新计价的纸币。总之，是为了让民众不必扛那么多纸币。

为了阐明他的观点，阮营雄把两种越南盾摆在我们面前的桌子上。一种是在危机爆发前流通的纸币，另一种是最近发行的。每张纸币上都有胡志明的画像，但两张图又有点不同。他苦笑着指出，在之前流通的纸币上，胡志明神情严厉。而在之后发行的纸币上，他面带微笑。"你看，人们的反应跟胡叔叔看他们时的表情有关！"阮营雄大笑起来。

通过这样的幽默方式，他把问题说清楚了。人们对于市场、通胀及任何金融危机的反应取决于情感和心理因素，而不是纯粹由经验来决定。

或许你能知晓世上最好的经济理论，但若是你不了解人们的情感和心理，不知道这些其实与文化、宗教、地理以及错综复杂的社会因素有关，那么那个理论也只是听起来不错，实际上毫无用处。

抵制休克疗法

当时，中国政府开始逐步推行一系列措施，最终将实现人民币的国际化。休克治疗师和国际货币基金组织大力鼓吹迅速实行货币自由兑换。中国的方法却与之截然不同。

中国的第一步是开设很多地区性的外汇交换中心。企业每天都能在这里将一定量的本国货币换成外币现钞。兑换率取决于那段时间的交易者是谁，或者是参与交易的企业数量有多少。政府后来据此引入有管理的浮动汇率制，将这些交换中心整合为银行间同业交易的货币市场。

1994年，中国在上海建立了全国外汇交易中心，以取代本地的"交换中心"。其地址就设在上海外滩一幢新古典风格的旧楼里，能俯瞰繁忙的黄浦江。我在上海的办公室就在附近。走进大楼之后，我又看到20世纪30年代风格的铁艺彩色玻璃出现在天花板上，颇为震惊。中国政府希望把这栋大楼变成中国的第一个银行间市场。

面对相似困境的中国和越南相互借鉴。

越南国家银行正设法解决农村贷款证券化的难题。如果一个农民只有猪可以拿去抵押，那该怎么算抵押物？这些猪可能变肥（增值），也可能死掉（贬值）。要是银行收上来很多猪，那么就危险了。这些都是银行业者和借款人在基层遇到的实际问题，也是理论无法解决的问题。但这些问题却能通过小额金融信贷来解决。

越南急需一个股票市场来打开成功之门。里昂信贷银行想帮越南建一个证券市场，于是请我当法律顾问。国际金融公司（世界银行的投资机构）迫不及待地插手，直接拿出一大捆的法规文件。果不其然，里面写的就是纽约证券交易所的章程，只是把纽约改成了河内！国际金融公司坚持要执行这份法规，还要求对讨论内容进行保密。越南国家银行的官员立即发了一份给我。国际金融公司在想什么？在一个没有私企的国家，这样的做法就是一刀切地盲目建立一个又一个体系，毫无逻辑可言。

就算越南要实行这些花哨的上市规则，也根本没有什么东西可以上市。所有企业都是国企。我们和里昂信贷银行一起进行国企私有化

但是越南政府无法接受私有化这个概念。我在一个会议上说，我们不用"私有化"，就用"公司化"吧。这样的组织可以像公司一样高效运转，而且国家和个人都有股份——并非完全私有。"公司化"这个词就是在这个会议上产生的。后来中国所用的"股

份化"一词也是这个意思。实际上，这个词在越南语和中文里是一样的。

但是 Legamex 公司的问题并没有到此结束。虽然这家公司是越南政府选出的"模范企业"，但公司内却充斥着腐败。当局拿到合法清查结果之后，公司的管理层就被逮捕了。

这些例子都说明了这两个国家拒绝了标准的华盛顿共识方案，并且找到各自的路线，走向融合经济学。这两个国家循序渐进地解决了现实问题。

它们对理论进行了实践检验。

融合经济学的种子

象牙塔般的一刀切模式在理论上很完美，但根本的错误在于忽视本地条件、文化、理念和历史包袱。所以用这样的政策来发展本地经济时，往往带来的是恶果而不是效果。2008 年，这些政策引发的恶果会在美国显现，颇具讽刺意味。

经济学已经脱离常识，变成了意识形态。

有时候最简单的办法就是看哪些事情管用。让常识回归经济学吧。政客和学者大谈智库的方案和理论，但这些东西并不能帮助我们这些普通人。现在就该推翻象牙塔，了解街头民众的感受和需求，然后做有用的事。

当然，最后要说的是，真正撼动僵化思维、震惊华盛顿傲慢经济学家的并不是隐逸老挝和新兴越南所进行的试验，而是他们曾经放弃的那个大国——中国。

中国密切注视着老挝和越南的一举一动，关注每一个细节。老挝和越南都借鉴中国谨慎的渐进式改革。这些措施是休克主义之外的健康之选，激发了融合经济学。两国的试验又会在中国重现。

1992 年，中国重启渐进式改革。十年之内，在控制试验的环境下，中国会经历重大的经济转型，从贫穷变得富有，其规模之大史无前例。

融合经济学将改变我们的思维方式。

03

举步维艰的中国改革历程
将计划与市场相融合
Fusion Economics
How Pragmatism Is Changing the World

从 A 组选一样、从 B 组选两样

1992年，北京。那是深冬的一天，寒冷、沉闷。我从办公室的窗户望出去，只见这座城市灰黄一片，十分单调。谁也想不到那一大片建筑工地会在未来几年里朝各个方向快速延伸。我的办公室位于中国国际贸易中心。这幢楼是中国首都唯一一座现代化高楼。十年之后，中国国际贸易中心已淹没在高楼大厦的汪洋大海之中。

但在1992年，这座建筑基本上是空的。当时经济形势不太好，只有几家外企还愿意留在这里。我当时供职于香港最大的律师事务所——孖士打律师行（Johnson Stokes & Master）。公司让我离开老挝和越南，返回北京，重启前几年关门大吉的北京办事处。我的任务就是重新开展在华业务。

我从煤烟和灰尘染黑的窗户望出去，心里盘算着该怎么做才好。没有外国投资者，也没有任何业务复苏的迹象。我正思考的时候，秘书轻快地打开我办公室的门，显得高效利落。"前台有几个人想见你。他们说是你的老朋友。"

俞晓余（音）伸直身子靠在前台配置的蓝色沙发上，好像这里是他家似的。还有另两个人随行。他是个直率的北京人，又带着纽约客的自信和粗糙。

俞晓余一边喝着热腾腾的茉莉花茶，一边悄声说起中国的变化。

邓小平先生南巡就是开启中国经济阀门的指令。他参观了经济特区，也就是他十年前所开创的改革试验场。他重访特区时高兴地说"他的"试验成功了。然后他要求在全国范围内深化改革。随后他宣布在中国实行"中国特色社会主义市场经济"。

实用经济学的实践者

1988年，我第一次见到朱镕基。当时他是上海市市长。他面临的第一个挑战就是要引进外资。他把所有部门聚集到同一间办公室，为投资者提供一站式服务。他称之为"一条龙改革"。

我跟随香港美国商会代表团（Hong Kong American Chamber of Commerce）受邀来到上海，想要了解这条龙是怎么动起来的。

十年之后，也就是1998年，中国工业部门参照他引进上海的这种一条龙服务模式，敞开大门迎接外资，最后迎来了世界贸易组织。

那一天，上海下着毛毛雨，雾气朦胧，一如往常。我们来到一座20世纪30年代的老酒店，到酒店的会客厅等待朱镕基的接见。我们坐在艺术装饰风格的椅子上，旁边垂着红色缎面的复古窗帘。上海即将从一个时代跨入另一个时代，空气中弥漫着期待与担忧。他迟到了一会儿，匆忙地赶过来。他进门的时候，我们全体起立，看着他在那些厚软的椅子中选了一张入座。然后他立即用鼓舞人心的语气说，他的一站式服务要让所有人办事更顺利。

会议结束之前，朱镕基为迟到而致歉，并解释说他是从一个建筑工地匆忙赶来。身为市长，他亲自监督各个投资项目，确保没有拖延，禁止出现懒散官员卡住外资的愚蠢行为。他想让这条龙动起来，也让在场所有人都清楚这一点。

1991年春节，邓小平的南方谈话指出："计划经济不等于社会主义，资本主义也有计划，市场经济不等于社会主义，社会主义也有市场。"

邓小平坚信认为休克疗法并不是改革良方。邓小平想要的是中国式实用主义，而不是美国式理论学说。苏联解体和随后的东欧剧变就是惨痛教训。中国绝不想经历这些。中国需要找到自己的经济模式，不需要哈佛课堂上的空想，因为那些与中国不相干。

邓小平拒绝休克疗法，提倡循序渐进。他称之为"一步一个脚印，摸着石头过河"。

浦东位于黄浦江畔，与历史悠久的上海外滩隔江相望。上海市政府决定在浦东建立一个国际金融与贸易区。若放在今天来看，这个想法不足为奇。但在当时的中国，这样的计划却是惊世之举。

1992 年春，朱镕基从上海市长晋升为国务院副总理，融合经济学的时代由此开始。

建筑的密语

1992 年，我住在北京的一个旧式四合院里，外面连着一条小胡同，路的两边种着树。这个院子是一家国营宾馆，主要接待外国专家。在那里工作的中国人都是政府雇员，会对外国客人友好地微笑，但是一工作起来就暴躁易怒。这个地方古韵犹存，但又脏又乱、布满灰尘，因为大家都懒得去打扫。在那里工作的中国人并不会对自己的文化感到骄傲，也根本不关心。

中国古建筑的力度和深度如密语一般让我为之神往。北京古老的四合院反映出了中国人的心思：要绕过影壁才能进门。不能沿直线走进四合院。院内的中庭是活动中心。分配居所时要遵循一套严格的等级制度，也就是说要根据房屋比例和房顶高度来安排主人、儿子、女儿、妾侍和下人的房间。这些都是按照森严的儒家等级秩序来安排的，每个人都有指定的位置。

每个院子都有一个隐秘的后门。

这与美式住房大不相同。美式住房的四周有大草坪，街上所有人都能看见草坪上有什么。从大大的窗口望进去就能看见起居室。从大门进去后通常会看到楼梯，一上楼就是卧室，但所有人基本都在厨房晃悠。车库至少能停两辆车。

逻辑显而易见：建筑就是一个民族与所处环境的对话。

在中国，做任何事都要遵循四合院的建筑规则，这就像是中国文化的达芬奇密码。

在整个20世纪90年代，开发商大举开发房地产。人们搬迁出世代居住的地方。这种摧毁社区、拆除历史建筑的行为是如此地短视。宏伟的中式历史建筑、绿树成行的漂亮胡同和数千年的文化价值被艳俗的外墙以及为法拉利及保时捷而造的玻璃展厅取代。

有些人认为，这些都代表进步。对他们来说，堵在路上的豪车数量切实体现了中国的经济繁荣。而这种超速发展进程不可避免地会污染环境。取得生活数量的同时一定要失去生活质量吗？

这些就是现代化和全球化的意义吗？

我满怀理想主义来到中国，想为这个国家走出贫困尽一份绵薄之力。外资为中国带来了金融和技术，但我并不认为现代化和全球化就意味着摧毁文化和拆掉社区。能不能在社区里做小本生意，从而保存胡同并使之恢复生机呢？

很多人并不看好，但我决定一试。

之后的五年，我翻新了三座四合院，在每个院子里开了一家小公司。政府密切关注着我的一举一动，有时还会起疑心，但这个理念之后流行开来。当地人纷纷相仿，开始修复他们的四合院，并在社区内开类似的宾馆、餐厅、咖啡店或茶馆。我们在北京东城区开了第一家私营的四合院餐厅和酒店。史无前例。如今，仅仅在东城区就有超过300家私营的精品四合院酒店。这些酒店将历史遗产、街道社区和本地文化保存了下来。最后我们的社区成为了城市文化遗产保护区。

没想到我们能打赢那场仗。但事实证明，实用理想主义是管用的。

中国的危机管理举措

1992年到1996年，自由的商业环境让中国变成待开垦的"蛮荒东部"。控制着贷款、货币供给和行政审批的阀门大开，随后某些金融违规行为四起，迅速演变成一种三角关系：银行将资金贷给企业，然后一些不良企业用这些钱来投资不切实际的房地产项目，而且还用银行贷款去贿赂当地官员，从而迅速拿到项目审批。投资行为变得杂乱无章。这些人普遍的心态是：谁在乎呢？反正所有的钱都是政府的。这些人根本不怕风险。

从1949年一直到80年代中叶，中国面临着商品匮乏的窘境。就算有钱也没东西可买。经济改革激发了史无前例的消费者经济，让生产者以为需求是无限的。国营工厂不熟悉市场周期，只是一味超额生产电器和消费品，导致市场供给过量。

在中国长期受压制的企业家精神终于获释，但却产生反冲现象。中国陷入"三角债"的泥淖。银行贷款给企业用于生产。然后企业投资房地产。承包商用这些钱搞别的项目，做起投机买卖。每个人都想中头彩。投资毫无理性。生产以光速推进。到了1996年，市场泛滥成灾。商品供给过量。假冒伪劣货充分利用了价格弹性的漏洞。仓库爆仓。应收款项收不到。应还债务还不了。

20世纪90年代，危机接踵而至：高通胀、三角债、低效企业、银行坏账剧增、荒废的基础建设，以及1997年的亚洲金融危机。此外，1992年，中国经济突然开放，引发剧烈通胀。1993年的通胀率高达21.7%。控制通胀成为中国的第一要务。

朱镕基时任国务院副总理，并成为央行的代行长。这让他能够有效管控银行业和金融业的状况，同时大力推行一系列将计划与市场相结合的试验。这些试验正是融合经济学的基础。

融合经济学其实始于1993年，当时通胀率高达21.7%。此时需要采取严厉措施将经济拉回到理性、可控的轨道上来。中共中央和国务院联合颁发了"宏观调控的十六条措施"。这份政策文件大胆地将市场经济的货币和财政工具与社会主义行政管理相结合。这竟然奏效了，着实令人震惊。

"宏观调控的十六条措施"悍然登场，毫不理会新自由主义经济学家与休克疗法的存在。华盛顿和欧洲的观察者大为震惊。在试验过程中，亚洲、非洲和南美的观察者看得入了迷，因为这项试验提供了另一种可能。

同时，在20世纪90年代中叶，一堆乱七八糟的"三角债"逐渐破坏着中国的改革。未偿付的企业间信贷高达3000亿元人民币，让中国的银行系统几近崩溃。到了1996年，中国政府面临着要解决三角债烂账和国企破产的问题，否则努力进行的改革就会失败。因而政府提供财政支持，用于清偿债务，结果却产生了更多的债务。就像2008年金融危机期间，美国银行业者滥用联邦银行提供的紧急财政救援，用那笔钱来发放巨额奖金和进行风险更高的投机买卖。

当资本成本很低的时候，人们花钱时就会失去理性，因为在那个时候，好像万事都能成，好像根本不存在中长期风险。放松管制之后，不存在任何指导、审查和权衡，金融机构、政府、资本市场监管者和房地产开发商联手赚大钱，最后民众遭了殃。20世纪90年代中后期，这样的事就在中国上演，而10年之后，美国也要经历一番。

然而，1996年，朱镕基总理召开了一场会议，决意挑战现状，也就是要挑战监管者、银行和房地产开发商之间的融洽关系。他一拳捶在桌子上，要求在场的人不要再提什么三角债。谁花的钱，谁就必须还上。谁投资，谁出钱。不然就倒闭。

试想一下，如果2008年的时候，美国财政部长汉克·保尔森（Hank Paulson）也对华尔街这么说，结果会怎样？可他并没有这么做。

18年后，我站在占领华尔街运动示威者中间，发觉中国20世纪90年代的三角债难题与美国2008年的金融危机有着诡异的相似性。我们似乎开创了15年的繁华盛世，但这只是一场金字塔式大骗局，只是依赖债务证券交易和高杠杆率的房地产开发。很多人会感到懊恼。当然，在中国和美国之间找相似之处确有不妥。但不管在哪里，有些关于人性的东西是一致的：一是贪欲，二是冒险。

重整生锈处

身为一名投资律师，我给一些跨国巨头——埃克森美孚、爱立信、罗氏、拜耳、柯达和丘伯等公司——提供咨询，帮助它们谈成在华初期业务并进入中国市场。同时，我也参与了中国改革这项伟大试验。每当有外企与中国国企合资经营，那么就意味着本地合作伙伴改组。

我最看重的项目是活力28（Power 28）。活力28是中国知名洗涤剂品牌，工厂位于中国的湖北省。这家公司是一家典型的国企，老板滕继新狡黠却富有创造力。除了生产肥皂和洗涤剂之外，滕继新还搞了一系列副业，先是做卫生巾、瓶装水，然后又投资卡拉OK舞厅和餐馆。最后，企业产生一大堆收不回的款项和还不起的债务。但是，企业管理层和多数国企的情况一样，对此毫不在意，因为风险由国家承担。

改革开放前，整个社会体系都是围绕着雇佣保障制而建。"铁饭碗"的概念深入人心。这就是效率低下的根源所在。中国政府决定砸了这个"碗",从而解放中国的商业韧性,并让外国投资者出钱来裁减冗员。

想收购工厂的外国投资者必须先帮工厂解决大量冗员才行。但如何把这件事搞定呢?

桑杰·班达里(Sanjay Bhandari)的来访给出了答案。桑杰·班达里是利洁时集团(Benckiser Group)的亚洲区主管,受命前来敲定拖延数月的艰苦谈判。滕继新让他先不要去酒店办入住,而是用车载我们匆忙赶往一个十字路口。那里新建了一座人行天桥,正在举行隆重的启用仪式,现场还有乐队演奏。那座天桥用活力28命名,因为就是这家公司出资建的。滕继新站在天桥上向群众挥手致意,并邀请我们登上天桥观礼。显然,他想给利洁时集团传递一种信息。桑杰问我这个大场面到底是什么意思。

我试着把这个信息说清楚。"这是滕继新为谈判僵局提供的解决办法。活力28给长沙市人民建了座桥。现在利洁时就要给活力28注资来解决员工问题。"

桑杰目瞪口呆,并感叹道:"原来这场游行表演就是这个意思啊?"

我说:"没错,这叫旁敲侧击。你要抓住重点,因为他不会在谈判桌上跟你说这些。所以你要自行领会他的意思。这就是中国的方式。"

因此,利洁时集团做的不是裁员,而是回聘。滕继新又通过合资来资助其他项目(如卫生巾和瓶装水),而利洁时集团只想拿到核心的洗涤产品业务,于是利洁时集团负责出钱让滕继新回聘老员工。

当时的中央政府对湖北发生的事情非常感兴趣。

治愈经济:中药 vs 西药

通过重组一家又一家企业,我在不经意间成为医治国企的大夫,并在1997年受命领导特别行动小组来协助规划全国改革项目。这项试验率先从安徽省开始。因为20年前农村改革是从这里起步的。

四类企业开始重组:钢铁厂、水泥厂、化工厂和化肥厂。

这些都是老古董。

各个省份城市、政府部门在这几十年间提供的财政经费混在一起，让巨额债务问题更为复杂。这些是拨款还是贷款？哪个人拥有哪一笔？经过40年之后，这些资金链纠缠不清、混乱不堪。

生铁开始闷烧，然后退出生产线。燃气喷向各个方向。工厂的王经理摇着头说："我们的所有设备都是20世纪六七十年代的，所以我们的产品比不上韩国进口的。除非我们能买下配套技术，但那需要一大笔资金投入。去哪里要这些资金？投资商不愿意承担我们肩上的社会负担。"工人们转过头来，一脸好奇。他们在同一条生产线上干了很多年，突然看见一个外国人出现在这里，也算是单调工作中难得的消遣。

这家企业有自己的学校、幼儿园、食堂、医疗诊所、康乐中心和退休中心。工人们可以在企业园区内上学、结婚、工作、生活，直至死亡，根本不用走出去。这家企业本身就是个城市。

王经理说："有5万人住在这里，包括退休人员和员工家属。我们要养所有的人。真正工作的人有两万。要实现最大效能，我们需要两千个人来操作现有设备。要是我们升级设备的话，需要的人手就更少"。

这个挑战超乎想象。

在此之前，国企其实帮中国解决了很多战后问题——住房、医疗、就业和工业化。但到了20世纪90年代末，中国的企业变得缺乏竞争力，就必须摆脱身上的社会负担。这就需要让一切实现商业化，从医疗到教育，从住房到保险。

所有这些都需要规章制度来管理。当时却没有相应的法规。最终，所有成本都摊派到了资本市场（但当时也没有资本市场）。

比如说，想要摆脱住房负担就需要进行银行改革，让民众能拿到贷款去买自己的房子，而开发商也能贷款建房子。进行合法抵押之前要先弄清土地权和所有权，但社会主义环境中没有这些概念，实际上，私有制这个概念根本不存在！最后只能进行全方位的改革。

在1998年，中国政府着手深化改革，实现医疗的商业化，引进养老金制度，从而改组保险业，同时又要进行全面的金融改革。这件事太过复杂，只能循序渐进地调整每一个环节。

有人分析得很透彻："华盛顿共识就像是西药，想要解决表面问题。我们更倾向于中药疗法：全面审视问题，找出根本原因。西药是短效药，而且经常会产生严重的副作用。中药耗时较长、见效较慢,但却深入问题根源。常常有几个原因缠在一起,所以必须一起解决掉,但是要一步一步地来。"

渐进式的理念由此而来。中国政府意识到,不能把一个问题单独拎出来处理。要想进行体制改革,就要一起解决所有问题,但要按照逻辑顺序,分清轻重缓急。这就全然否定了市场原教旨主义和休克疗法。经济学家后来称之为"循序渐进"。

这自然引起了西方观察者的注意。一天晚上,智利驻中国大使问我:"中国人在做的叫什么事?他们把所有这些东西都混在一起。他们毫不在意,但确实管用。"然后他抿了一口红酒,大笑起来:"中国把我们知道的这些全部吸收,然后混合了起来!"

他又喝了一小口说道:"你知道这个想法有多强大吗?这个主意既实用又灵活。"

"为什么会如此强大?"我问道。

"因为这个方法不考虑意识形态问题,而是大胆地将经济学说混用。这是华盛顿方面最怕的事。"

经济理论如果体现意识形态,就可能变成经济毒药。

1997年,时值亚洲金融危机,国际货币基金组织所开出的"药方",即立即实行浮动汇率和货币自由兑换、取消粮食和食用油补贴、实现私有化,进一步使印尼和泰国等国家休克,并造成灾难性的后果。时至今日,那些国家的人民仍然十分怨恨国际货币基金组织提供的方法。而拒绝了这个方法的国家,即马来西亚和中国,都妥善处理了危机,但却遭到西方媒体的指责,因为这两个国家的方法与模型不符。

中国成功地走出了一条独立自主的道路,但是信奉华盛顿共识的西方学者和多边机构还是会继续鼓吹市场原教旨主义。如今,华盛顿共识仍是公认的主流经济观点。然而,2008年金融危机之后,这些观点在发展中国家失去了威信。

这些观点在本国也失去了可信度。现在,美国和欧洲债务缠身、前途迷茫。政客们一无所知。看得出来,政治领袖们为了保住地位不得不采用短期的补救措施。

我在写这本书的时候,世界局势颠倒了过来。通过直接投资、债务交易和股权收购,中国花了近两千亿欧元把欧洲从欧债危机中解救出来。中国拥有4万亿美元的外汇储备,持有超过四分之一的美国短期国债,已然成为美国和欧洲的"央行"。

实际上,中国已经取代了国际货币基金组织,成为全球的最终贷款者。

第二部分

实用理想主义
慈悲资本、利益相关者价值和社会企业

> 整个世界在燃烧时，怎还会有笑声？怎还会有喜悦？你身处黑暗时，不想要一盏明灯吗？
>
> 佛陀

我们开始明白，新时代潮流是社会企业和影响力投资。我们做每件事都要考虑长远影响，因为万事万物是相互联系的。试想一下，没有贪欲的经济学会是怎样。试想一下，如果经商赚钱不再只为满足私欲，而是兼顾他人福祉和高尚理想，那么又会是怎样一番景象。可能最终会收获更大的满足感。

是不是听着像一场价值观革命？

现在需要推行一些新的概念，如"利益相关者价值（根据一家公司为社区和环境做的事来评判这个公司）""慈悲资本（对社区和环境产生积极影响的投资）"和"良心消费（消费者根据价值选择来决定买什么不买什么）"。

当然，投资是为了获利。但投资也能为社会谋求更多福利。关注正义事业的企业能够促进社区保护、激励边缘人士和保护生态环境。商业活动和社会福利并不冲突，就像市场和计划也不矛盾。

小型企业的做法切实可行，能够助推有意义的社会和环境项目。这一趋势迅速风靡许多国家，带来一个全新的概念。商业不仅仅是为了谋利，也能提供就业机会，同时实现美好愿景、支持社会事业或营造社区气氛。可以通过很多不同的创新方式来帮助大众、保护环境。商业就是其中之一。社会企业家精神不仅仅是潮流。这种精神正在传遍整个世界。

如今，这些新兴"社会企业家"遇到了挑战。援助机构不应把他们摒除在外。他们很难拿到充足的启动资金和发展资金。金融机构不认可他们，显然是因为他们不急着上市。但为什么新公司就得走向全球呢？这会让人更幸福吗？会让人更好、更成功吗？也许更重要的是为自己的社区作贡献、成为社区的一分子。

我们不能仅用国内生产总值和其他增长率来衡量我们的成果。那么，什么才是真正的发展？对于成功的定量测定并不能反映生活质量。保护社区、文化、本地特性和环境也许才是真正的发展。此外，这一做法可能会推动全球经济、商业和金融进一步发展。

04

香格里拉之道

效仿牧民和僧侣,创建社会企业

Fusion Economics
How Pragmatism Is Changing the World

中国泡沫引发盲目投资

2002年,北京。北京君悦酒店的大堂热闹非凡。2002年世界经济论坛的春季会议在京城召开。从圈内人的角度看,中国的大规模改革是彻底的。国有企业逐渐转变为全球性跨国企业。中国已经加入了世界贸易组织,因而中国的市场经济势必要沿着这样的路线走下去。汇率和利率问题仍会吸引媒体目光。西方政客也会关注。中国会让货币升值还是贬值呢?这些是技术上的问题——扭紧阀门,并不是真正意义上的改革。

真正的难题是,中国领导人能否建立起适当的社会价值观,从而保证经济可持续发展。

中国打破了西方的传统经济发展模式。中国在经济上的成功证明那些西方模式陈腐僵化,但自身一些深刻的社会矛盾也显现了出来。整个社会热衷于效仿国际品牌打造产品和赚快钱,与此同时,改革成功所依赖的节俭、毅力和长远规划所剩无几。改革成功之后,中国推出超速发展政策,一定程度上忽略了自然环境的可持续性。

仅仅十年间，这些政策就让中国成为世界第二大经济体，也让中国成为温室气体排放量最大的国家之一。奢侈消费之风一时兴起，并在激昂的变革过程中，滋生一些不良的社会风气。疯狂赚钱和炫耀财富成为某些人至高无上的理想。

原因显而易见。中国已经走出了那个人人贫穷的年代。中国快速进行市场化改革，从一个极端飞跃到另一个极端。在这一片喧嚣之中，要冷静地想一想：中国的经济会持续发展吗？

我开始回想当初为什么来到中国。

中式生活哲学融合了佛教、道教和儒家学说，主张天人合一。但是在大兴土木、灯红酒绿的中国都市中，这种人生哲学几乎无迹可寻。

实际上，在历史上的民族融合中，蒙古族、满族、藏族以及其他民族大量吸收了汉民族的文化，因而一些传统的得以在这些民族文化中保存下来。

寻找香格里拉

2002年，中国着手制订财政支出计划。中国政府想要通过拉动内需来降低对进口的依赖。也就是说要开发中国的内陆地区，而不只是关注沿海地带。政府希望借助基础设施投资开发西部，毕竟美国也是这样开发西部的。他们需要考虑的是该如何利用媒体来把投资引到中国的西部。

云南、四川和西藏自治区的几个州县进行了激烈讨论，想知道哪个地区能够"合法"使用"香格里拉"这个名号来拉动旅游业。最终，云南北部的迪庆州"荣获"官方授予的"香格里拉县"称号，但是中国西部的其他地区也可以利用香格里拉这个名号来拉动旅游业，只要能让当地赚钱就行。

这个决议的理论依据是詹姆斯·希尔顿（James Hilton）写的《消失的地平线》（*Lost Horizons*）和约瑟夫·洛克（Joseph Rock）的勘探笔记。约瑟夫·洛克是《国家地理》杂志在中国西南地区的第一任总编辑，在迪庆州和丽江地区呆了18年。几年后我才知道，西方人不了解情况，所以将"香巴拉（Shambhala）"误称为"香格里拉（Shangri-la）"。香巴拉是藏族文化中的一个核心概念，即未来界，也就是精神脱离物体的境界。

04
香格里拉之道：效仿牧民和僧侣，创建社会企业

当时我准备拍一部纪录片，也就是旅行纪录片，跟政治无关。我计划搭便车游遍偏远的大西部，还带上摄制组跟拍，树立中国西部新形象，展现年轻背包客和环保主义者。就像20世纪70年代的美国西部，比如加州旅馆之类的。我想起了各州县的那场争论，于是决定叫这个纪录片《寻找香格里拉》。

这个计划竟然很快获得了官方批准，我惊呆了。这个结果完全出乎意料。我回到家后，解下领带，挂起西装，然后就开始寻找封存已久的登山鞋。

我一定要找到香格里拉！

牧民和僧侣碾碎了我们的经济学假设

其实我对拍电影一窍不通。但现在我要做制片人和导演，而且既没有剧本也没有摄制组。

所以我找了中国优秀的流行歌手艾敬。我们在北京开的第一家星巴克碰面。说来也巧，这家星巴克就开在怀旧感十足的友谊商店内。还记得1981年我来这里当交换生，刚下飞机就花1美元买了一瓶可乐，让我的中国房东震惊不已。现在，星巴克里挤满了中国年轻人。

我跟艾敬说我获批到西藏和西部少数民族地区去拍摄。"真是前所未见，是难得的机遇啊！"她惊呼道，并表示愿意帮忙。

艾敬掌控全局。不到一个星期，她就组建起一支一流的队伍。中国最受欢迎的作曲家三宝本身就是蒙古族，他答应为整部影片配乐。西藏地区最有经验的摄影师窦炎负责整个摄影团队。艾敬则负责艺术指导。我唯一要操心的就是："香格里拉在哪里？"我带上摄制组，开始搭便车旅行，沿路问去香格里拉的方向。

2002至2004年间，我在西藏拍了两部影片，分别是《寻找香格里拉》和《香巴拉经文》。两部影片都没有在中国播出，也没有进主流影院。这都不重要。

对我而言，旅程比终点更重要。

我在路上遇到的人比影片本身更有意义。其中有四个人特别能鼓舞人心：西藏艺术家昂桑为残疾工匠建了一座工厂；白族舞蹈家杨丽萍通过一个表演艺术项目来保护山地部落文化；印度环保主义者郁多罗·克里斯（Uttara Crees）推行生态旅游以

保护生物多样性。他们每个人都是先锋社会企业家。

而碾碎所有经济学假设的是僧人吉美坚赞。他创办了一家牦牛奶酪厂，促进牧民社区发展，然后又用收益建起牧民学校。

比对冲基金经理还要聪明的僧人

我们的吉普车淌过冰川融化形成的冰冷河水。我们越开越远，到了路的尽头继续开上草原。之后又来到了一个山谷，我看到河对岸有个穿藏红色袍子的僧人在挥手。我们停在他靠坐的石头旁边。他的头发剃光了，脸上只剩一点髭须，下巴上留着山羊胡子。他的笑容拉扯着山羊胡，一直延伸到耳际。他的耳朵小而尖。"你们是不是在找吉美坚赞的奶酪厂？"他轻笑着说，"所以你们才来这里。你们以为自己找的是香格里拉，其实你们在找我们的工厂！"他大笑起来。

因为过于依赖技术，所以我们对于事件和变故的直觉感知力退化。本能逐渐消失。吉美坚赞离大自然很近，感知到我们的来访，所以派一个僧人来找我们。

那位僧人挥挥手，示意我们朝前走。积雪悬停在高山顶上。苍鹰低飞，似乎触手可及。冰冷的河水在我们跟前流淌。我们沿着河走，但是河上没有桥，所以要踩着石头过河，一步踩一颗。

一个小型厂房出现在我们面前，与周围万物形成鲜明对比。窦炎立马开始拍摄。然后另一个身着藏红色袍子的僧人走上前来。他就是吉美坚赞，是这个牦牛奶酪厂的负责人。

我大吃一惊。这个工厂如此偏僻，根本没有物流，完全不符合西方商业逻辑。我们花了几天的时间才找到这个地方。所以我很挫败地问："这个工厂远离市场、交通不便、啥都没有，你们怎么能在这里生产奶酪？你们离什么都不近！"

"我们离牦牛近啊，"吉美坚赞幽幽地说道，"你知道，我们生产的是牦牛奶酪。"

接下来的几天，吉美坚赞会改变我对于奶酪、牦牛、山区、民众和教育的认知。更重要的是，他会碾碎我对于良好商业模式的设想。

他的工厂构造简单，只有三个大房间。

进去之前，吉美坚赞让我穿上橡胶靴和白大褂，还要戴上面罩，好像我要进的是手术室。"我们这里按照国际卫生标准来进行生产,因为我们的奶酪要出口。"吉美边说边挥手,像是要把荷兰高德干酪扫出市场似的。

当然,走进这个小小的西藏工厂就像踏进阿姆斯特丹郊区的一个奶酪厂。两个地方采用同样的技术。牦牛奶翻腾着涌入热桶,然后再流入模具,最后在制冷室的木架上凝固起来。我相信了,吉美坚赞确实是在做奶酪。

还有最后一个疑问。"为什么选在这里?"

"我们要跟牧民离得近,因为他们每天早晚给我们送来新鲜牦牛奶。他们通过这个门送进来。"吉美指着一个侧门说道。那个门正是通向装有搅拌加热桶的房间。

工厂附近没有分销点。牧民村位于山区,四周是茫茫草原,村里根本没有路。

"我并不担心配给问题,"吉美说道,"因为我不想把奶酪厂建在牧民不容易去到的地方。"

这还是不符合商业逻辑。你怎么把奶酪运到市场呢?为什么要为了方便牧民送牦牛奶而在这里建厂?

"但这就是重点,"吉美坚赞强调,"你看,他们都住在山区,都住在高纬度的毛毡房里。走出山谷并不容易。所以我们在山区里建厂的话,他们每天都能送奶过来,甚至一天两次都行。这样才能确保牛奶的新鲜度。"

我还是不太明白。"你可以在工厂、城镇和分销点附近的农场养牦牛啊,对吧?"

"不对。那样就不是野生牦牛奶了,"吉美坚赞叹息道,"那样就不是牧民所养牦牛产的奶了。我真正的目的是想帮助牧民啊。"

现在我明白了吉美坚赞做这些事的原因。

吉美解释道,牧民以放牧为生,也就意味着没有收入。如今,经济改革随处可见,他们需要现金交易来取代物物交换。吉美每天收购他们的牦牛奶,为他们创造收入,而且并不影响他们的传统生活方式。其实,他并没有改变牧民的传统生存方式,而是给予支持、进行强化。

中国官方政策鼓励牧民住进楼房,改变生活方式。政府会劝说牧民变卖他们的牦牛,还劝他们在市区交首付买房,然后去银行贷款来缴清余下的房款。在高度结构化的社会里,牧民的技能不足、竞争力不够,所以常常找不到工作。他们长久以来都是在茫茫荒野上放牧,潇洒恣意,住进水泥砖房之后很容易出现酗酒、家暴和抑郁的问题。

中国政府认为，牧民在城镇定居才能享受正规的医疗和教育。然而，当地的大多数诊所条件比较差。而且，教育模式也不太符合牧区孩子的实际情况。

因此，吉美坚赞用奶酪厂的收益来兴建学校。他指着另一个山谷的方向，说："明天我们要去那个山谷给新学校的墙体定线。学校是用牦牛奶酪的收益建的！"吉美坚赞为牧民创办企业、提供教育，是在用更为先进和概念化的方法来促进牧区的可持续发展，深刻影响了牧民的生活，意义重大。

即便如此，吉美坚赞仍要解决物流问题，想办法把奶酪从偏僻的工厂运出去。每天他都在吉普车上装满大块奶酪卷，然后驱车跋涉到玛多县。这个西藏县城里有很多茶馆和啤酒屋，看着像是美国西部片《正午》(*High Noon*)中的场景。

到达玛多县后，吉美所在寺庙的僧人会把牦牛奶酪搬运到卡车和货车上，然后沿着蜿蜒的道路驱车15个小时到达青海的省会城市西宁，再从那里将奶酪转运到北京和中国其他城市，最后送到欧洲和北美。在那里，牦牛奶酪是奢华鸡尾酒会和品酒圈中的顶级圣品。

与此同时，西藏的牧民既能赚到钱，又能保持传统生活方式。

吉美坚赞说，他建的奶酪厂增加了附近山谷和山区牧民的收入，他们的传统生活方式，并且没有扰乱他们的生活。吉美坚赞认为，维持牧民生活意义深远，不仅仅是保持传统而已。在他看来，牧民是这个脆弱、濒危的生物多样性系统中不可或缺的部分。

这个地区的自然生态平衡离不开千万年来的牦牛放牧模式。青藏高原的生物多样性、永冻土和冰圈造就了冰川河流，为中国、南亚和东南亚大陆提供水源。

社会企业的投资影响力

第二天早上，我们起得很早，因为听到了嗒嗒的马蹄声。那说明牧民把新鲜牦牛奶送到工厂的侧门了。然后，吉美坚赞一甩藏红袍子，把我领到他的吉普车上。他坐在副驾的位置，另一个僧人开车。我和两个僧人坐在后排。我挤在他们两个中间，忽然发现只有我的衣服不是藏红色。我们在狭窄小路上不停颠簸。我的摄制组坐在后面两辆吉普车里。

吉美坚赞用手一指，兴奋地说："看到远处那个毡房了吗？那个牧民家有两个小孩。看到那边那个毡房了吗？"他指向另一个方向。我看到地面上布满小点，也就是牦牛，看不到什么毡房。"有几个女孩子住在那边。她们没法去上学，因为她们是牧民。我会给她们建学校。她们会成为我的学生。"

我们驱车来到另一个山谷。在草原的一块圆形平地上，有几个工人正在刷墙皮线。吉美坚赞跳下吉普车，走过去给他们指出墙皮线应该画在哪里。他更像是建筑工地老板而不是个僧人。工人们按照他的要求调整线的位置。教室会建得更大。

高山上的峭壁把吉美从工地上吸引过去。我看到在岩壁上有深色的圆点。吉美轻声说："那些是山洞。僧人们过去常在那里打坐。是建学校的好地方。"

但是为什么不把学校建在靠近城镇的地方呢？孩子们可以去那里上学，然后住在宿舍里。他们放假的时候可以回来看父母。这样做容易得多。

"你看，他们的父母都住在山区，都住在高纬度的毛毡房里。走出山谷并不容易。所以把学校建在山区里的话，他们每天都能去学校。他们的传统生活方式也不受影响。我不想把学校建在牧民不容易去到的地方。"

过了一小时左右，我们来到一个有大门的院子。院子里立着一栋藏族风格的新楼，已经装好玻璃门窗。一位僧人把干净的玻璃门打开，然后恭敬地一点头。

来到一楼，吉美坚赞把我领进一间装满现代设备的物理实验室，然后经过一间化学实验室，又来到一间小图书馆，里面摆满中文和藏文书籍。经书放在一个柜子里。图书馆里也有美国的书，甚至连小孩看的迪士尼漫画都有。"西藏的孩子喜欢米老鼠。"吉美坚赞领我上楼时随口一提。

在二楼，我看到教室里摆满电脑和最新的互联网设备。青海是有网络的！吉美说，他的学校免费为牧区孩子提供24小时全球互联网服务。"他们放学后可以来这里上网。我们表示支持。他们身处这个青海小学校就能与世界相连。"

吉美坚赞继续说："这是这个地区的第一所私立学校，也就是说我们没有政府资金支持。我们都是靠自己。我们的学校欢迎所有牧区儿童，不分民族和宗教。我们这里有藏族和满族。在我们学校，教育是免费的。一切都是用奶酪换来的。"

05

积极能量银行
喇嘛和菩萨传授的量子经济学
Fusion Economics
How Pragmatism Is Changing the World

迦利时代：把善念变成善举

2002年，拉萨。贡嘎机场建在雅鲁藏布江边上。这条河是印度的母亲河。西藏的冰山融水滋养着多条河流：中国的雅鲁藏布江、长江和黄河，东南亚的伊洛瓦底江、萨尔温江和湄公河，以及南亚的印度河、恒河。我一来到拉萨就感受到了雅鲁藏布江急流的能量，十分震撼。说来遗憾，之后的几年，我看到这些水流越来越小。到了2010年，贡嘎机场附近的雅鲁藏布江流域变成了一条小溪流，两岸出现了撒哈拉沙漠里的那种沙丘。这就是全球变暖造成的直接影响。

我们从北京搭首班飞机过来，到达的时候天色尚早。我钻进一辆等候在外的吉普车，同时窦炎开始拍摄。尽管时值盛夏，高纬度地区的空气依旧稀薄寒冷。

窦炎建议我首站去度母寺（Tara Temple）。藏传佛教中有21位圣救度佛母，每一位能够免除一样灾难。当地人习惯在到达拉萨后或离开拉萨前来拜访这座寺庙。

在内室，度母的沉着气质让我看得目不转睛。随后几年，度母的意义对我而言愈发重要。白度母向前伸出一只手，想要帮助世人，而且手上有一只眼睛，意思是说，看见苦难是第一步，但还不够，还要通过实际行动来解决问题。之后我们创办社会企业"香巴拉宫"，这只手就是企业象征。

我拨出一个朋友给我的号码，打到一位知名喇嘛（即仁波切）的家里。

"对，这里是遍巴（Pemba）的家，"接电话的人说，"仁波切现在在拉萨。明天我带你去见他。"

第二天，我和遍巴第一次见面。

他把我带到了仁波切的房子，就是药王山（Chakpori Medicine Hill）附近一个静谧的藏式庭院。公元7世纪，藏医学在药王山兴起。整座山挂满经幡。挂经幡是藏族文化中的核心内容。木块上刻有经文。五彩经幡上的每种颜色都代表一种宇宙基本元素。僧人们把经文印在经幡上，同时诵经致敬，寄托祝福。经幡飘扬在山口、河边和各个有灵气的地方。风吹动经幡，将经文包含的祝福传往四面八方。

药王山的悬崖峭壁耸立在林廓（Lingkor）这条朝圣之路上。每天有数百人在那里顶礼叩拜。峻峭的崖壁上刻有无数佛教神像，色彩极为明丽。我凝望着这些巨幅壁画，不禁在想，这些神像图案非常传统，但所运用的抽象手法又彰显了现代主义。现代主义讲究撞色，在其鼎盛时期可与表现主义相媲美。

古代艺术、民族传统和原住民的很多思想和做法能兼顾整体性和现代性。其实，两者并不矛盾。在许多方面，我们所拥有的东西都源自本土知识，但我们遗忘或忽视了前人的成就。所谓的现代事物并不值得称道。

我们能用电脑打字、玩苹果手机，就说明我们很现代、很聪明吗？

与仁波切短暂交流之后，他碾碎了我所有的设想，并且改变了我的思维方式。

"大多数人都很注重物质生活，"仁波切说道，"他们忙着追求物质，焦虑又不开心。金钱和财富会给人满足感，却常常带来更多的苦难。物质享受会给人短暂的喜悦。人们总是想要更多，我们称之为欲望。拥有足量的钱和物就行了，不必贪求更多。这样你才会幸福。否则，你永远都不会满足。"

"香格里拉是'香巴拉'的误称。詹姆斯·希尔顿写的《消失的地平线》是关于一个已经消失的西藏王朝，但他根本不知道自己在写什么，"仁波切大笑起来，"希尔顿根本没有为此来过西藏或亚洲。"

05
积极能量银行：喇嘛和菩萨传授的量子经济学

仁波切说道，我们正生活在迦利时代（Kali Yulga），即崩坏时代。先知预言，在这一时期，人类追求短期私利、渴望掌控地球资源、盲目追求物质享受，因而不断出现战争、贫穷、反动恐怖行为、新型绝症、资源枯竭和环境污染，引发前所未有的自然灾害。总之，这个时期的人类是自作自受。与此相反，香巴拉是一个和平、公正、敬畏自然的未来界，正是源于现在这个崩坏的迦利时代。

"我们可以在冥想、梦境和日常生活中感受香巴拉，"仁波切继续说道，"要是我们心存此念，那么我们的世界就可以变成香巴拉。但是只有我们自己能使之成为现实，方法就是把善念变成善举。"

积极能量银行：从付出中获取利息

拉萨老城中心的大昭寺是拉萨的一个重要宗教场所。公元 7 世纪，统一西藏的藏王松赞干布建起这座寺庙。寺内供奉着释迦牟尼在 2500 多年前亲自开光的觉卧佛神像。

每天，朝圣者排队数小时只为得见觉卧佛像一面。数千名朝圣者整天在大昭寺门口跪拜，还经常跪到夜里。他们吟诵经文，靠意念来传播积极能量。

据说，在觉卧佛像面前许愿很灵。怀疑论者会认为这是迷信。但我试了很多次，都应验了。我开始想这是为什么。

也许是很多善念变成了积极能量电子，汇聚成动力漩涡，就像一个积极能量银行。

不妨这样想：短信息可以传上卫星，然后再传回地球。就是说信息借助电子波（就像无线电信号）实现远程传播，传递一种意念。如果我们把短信看作人脑的机械化延伸，那么所有这些都解释得通了。

学过量子物理的人肯定也会理解。

其实，我们是根据经验过程来区分什么是科学的、什么不是，然后分别放进盒子里，并标上记号，从而低估了思维过程的威力。

这是西藏喇嘛给我最深刻的启示。心力一旦释放，必然广阔无边，而且跟宇宙相连。

这样的话，不妨将朝圣之地看作积极能量银行。借出的能量必须归还，可能还要付利息。这些可以通过践行善举、造福不幸之人来实现。在喜马拉雅地区的所有哲学思想中，布施都是一项功德或善业。布施意味着将善念传递给他人，而传递出去的东西会再回来。得到东西的人就要付出。归根到底就是意念的问题。

这就是善业的经济法则，重新定义了量子经济学这个概念。

大昭寺门口有藏族守护神藏巴拉（Jambala）。它身形圆胖，蓄着胡子，手臂上抱着的吐宝鼠正吐着珠宝。藏巴拉是资产和财富之神，非常受欢迎，经常出现在商业活动场所和西藏很多背包客旅馆的前台。

中国游客经常把它误称为"财神"，还请它赐福禄、旺股市！藏传佛教的理解方式则有所不同。

藏巴拉守护资产和财富，但是财富意味着更多的社会责任。人可以拥有资源，但却不能自私或浪费地使用资源。重点是要用这些资源去帮助不幸的人。在喜马拉雅地区的大部分哲学思想中，社区高于个人。个人生命瞬息即逝，但是社区持久不变。

也就是说：得到时要给予，因为给予时才能得到。

慈悲资本主义与三个菩萨的经济学说

我走过众多跪拜的信徒身旁，经过沉重的红色大门进入大昭寺，周围弥漫着焚香和牦牛酥油的气味。我爬上一个窄窄的楼梯来到屋顶，想找尼玛次仁（Nyima Tsering）。他是大昭寺的住持，机敏智慧，善于将古代佛教思想放到现实语境中解读。他的言论真诚坦率，影响了很多深入思考的中国年轻人。中国的一些有钱人意识到财富并非唯一归宿后会去寻求他的指引。但他在经济和环境议题上表现的道德立场则让某些人感到紧张。

尼玛次仁在寺顶俯瞰大门，看着信徒跪拜的地方。周围的群山覆盖着积雪，将蜿蜒起伏的金顶衬托得崇高无比，仿佛整座寺庙是漂浮云间的宫殿。

他请我喝牦牛酥油茶。

"僧人们都忙着打扫游客扔下的烟头和柯达胶卷盒，"他抱怨道，"他们没有时间进行冥想。这个问题会影响专注力。要是我们的僧人都忙着打扫游客扔的垃圾，那怎么能帮助他们寻找问题的答案呢？"

我问他怎样才能找到香格里拉。尼玛次仁回答道："问题不在于如何找到香格里拉，而是如何寻回。在经济发展竞赛中，我们创办工厂、发展现代科技、追逐金钱。我们几乎丧失了人性和道德，一切都崩坏了。现在全世界的人都质疑现状。为什么？因为物质消费并没有让人更加幸福，反而带来了很多失望感。失去平衡了。光有经济、工业和西方现代化是不够的。如果最终我们失去了人性的一面，那么就必须找到香格里拉，并把它带回来。"

我们走在环绕寺庙的转经道上，道路两旁有无数铜制转经筒，里面装满经书。信徒或游客转一次转经筒就相当于念经一次。转得越多，念的经文就越多。也就是说，大昭寺时刻笼罩着经文同轴旋转所产生的能量漩涡。藏族人既无比虔诚又非常实际。尼玛次仁说道："转经筒要按顺时针转，不能逆时针转。时钟不能倒转。"英文中"革命（revolution）"一词的本义是轮子旋转一周或完成一个周期循环。"和平革命"指的是积极的周期性转变。

在这里，在世界之巅，一位僧人敢于挑战世界秩序的根基，敢说这个世界秩序不能保障共同繁荣，反而导致人人自毁。

尼玛次仁向前倾身，添上牦牛酥油茶。他是想表现藏族礼仪还是想说水满则溢？

"人们把太多的物质财富投入战争和相互欺骗中，总想征服他人。如果政府能将精神当作行动的道德基础，并将这些价值观与理性物质主义相结合，那么我们都会朝着真正的香巴拉前进。"

在我一路上遇到的所有人中，只有这位机敏智慧的大昭寺住持将一系列哲学思想和实际观察置于更为广阔的背景。他就是让我得以连点成线的人。未来，他的思想会变成一个新颖的经济理论框架：喜马拉雅共识。

尼玛次仁一甩藏红僧袍，把我带进走廊尽头的一个神殿。那里有三个菩萨的画像。

尼玛次仁一一讲解各自的职能。"中间这位是观世音菩萨，代表慈悲；在左手边的是文殊菩萨（Manjushuri），代表智慧，手持一柄斩除愚昧的宝剑；另一边是金刚手菩萨，代表力量。他手持状如闪电的金刚杵，拥有消灭困难和幻想的力量。"

尼玛次仁又解释为什么这三个菩萨缺一不可。"若是情绪化地盲目表现慈悲、缺乏理性实用主义和充足的资源，就没有成效，可能最终还会祸及他人。另一方面，个人或国家可能拥有经济实力和技术知识，但如果缺乏慈悲，就会滥用权力和技术。"

尼玛次仁叫我重视三位菩萨代表的含义，并让三者保持平衡、通力合作：智慧加上力量与慈悲。他说，这个框架适用于一切事物，上至政府管理和经济发展，下至为人为己的个人生活。

"慈悲资本"的理念正是来源于此。

06

创建香巴拉
在世界之巅创办社会企业

Fusion Economics
How Pragmatism Is Changing the World

文明的经济学

2005年,拉萨。已经是上午9点半了,但是拉萨老城的白砖窄巷才刚刚醒来。那是因为在拉萨的所有事情都开始得晚。时钟是按照北京时间来设置,但是当地人追随太阳的轨迹。

在海拔3600米的地方,呼吸十分困难。我昨晚到的,仍然因高原反应而气喘吁吁,好像所有事物都是放慢的。

我在一家卖藏式薄饼的小吃摊前停下,想买早餐。"一张薄饼多少钱?"我问老板娘。

"5角(50分)。"她笑着说道。

我从口袋里扯出五个一毛钱的纸币。此时,三个孩子跑过来,扯我的袖子,还伸出手讨钱。

我把五毛钱递给小吃摊老板娘。她微笑着倾身向前,分给乞讨的孩子每人一毛钱,对他们说："好了，走吧，别缠着这个外国人。"

孩子们咯咯笑着跑开。

我大吃一惊，迅速在脑海里把个经济情况过了一遍。她跟我说藏式薄饼卖五毛钱，但又把大部分钱给了乞讨的孩子。她只留下两毛钱，但却拿回了面团的成本，还让自己和每个孩子一样拿到一毛钱。

在世上的大多数城市中，本地人很轻易就能从初来乍到的外国人身上骗到钱。但怎么会把钱给乞讨的孩子，只留下一点保本？我偶然发现的这个藏式思维与我所知的经济学假设不符。

在拍摄这两部寻找神秘王国香巴拉（香格里拉）的旅行纪录片时，我有幸遇到了不常露面的南钦仁波切（Nanqin Rinpoche）。当时，在西藏仍在世的密宗修炼者中，他的佛位最高。他年老体弱，长长的白髯衬托出他的高贵。在香气弥漫的房间里，他坐在高台上，周身裹着温暖的袍子，以抵御傍晚的寒凉。

我曾问他："香巴拉在哪里？"现在我已知道香巴拉是一种形而上的心理状态，而不是实际存在的地方，又傻傻地问哪些冥想技巧能让我冲上云霄，就像登上飞机一样。

他的神情隐晦难明，点了点头，然后作答。"哪里也没有香巴拉。你找是找不到的。就算靠冥想也到不了。要通过慈悲行动、施与他人才能创造更美好的世界。我们可以在冥想中设想未来。但没有行动就是枉然。只有日常生活中的个人行动能把假想变成现实，只有这样我们才能到达香巴拉。除此之外，别无他法。"

就在那时，我停止搜寻。

在西藏拍纪录片的三年里所遇到的人促使我搬到西藏去。我关了投资咨询公司，在拉萨拿到了一栋三层藏式旧楼，开始创办社会企业。

那个房子位于八角街（Barkor）的一条窄巷内，就在环绕城中心大昭寺的知名转经道后面。每天，来自西藏各地的信徒挤满这条路，把这条路变成了朝圣之路。从市集辐射出迷宫似的窄巷，将石头和土坯搭建的白色楼房连接起来，构成了老城区。

人们不喜欢这样的街区。他们非要在城市里建商业新区，随意乱开卡拉 OK 厅、夜店、按摩室、各式中餐厅，以及廉价电子商品店。我发现自己生活在一个纯藏式的社会里，生活节奏和传统保存得还算完整，可能还是跟几百年前的一样。

每天，窗外的唱经声把我唤醒。尼姑们围坐在一起，接受路人的施舍。这是叫"乞讨"还是叫"施舍"取决于你看问题的角度，但这种现象代表了另一套经济关系。在八角街上，随处可见尼姑和僧人沿着窄巷团团围坐，同时还唱经或念经。他们接受路人的施舍，经常只得到一点零钱，但他们需要这些钱来维生。他们一大早就开始唱经，一直唱到傍晚。西方人会称之为"乞讨"，带有贬义。然而，这并不是乞讨。

唱经是一种服务，以经文的形式呈现。在藏族社会里，这种服务与医生、心理治疗师及律师所提供的服务没有什么不同。路人忙于日常生活，也许他们没有时间或是忘记了每天念咒和念经，而这是西藏生活中不可或缺的部分。但他们在匆忙赶路的时候捐点东西，就能享受沿路所唱经文施与的恩惠。

在藏族思想中，这些经文能传播积极能量、抵挡消极能量。藏族的宗教信仰十分虔诚，藏族文化中宗教气氛浓厚。因为青藏高原上的天气会剧烈变化，因此藏民们每天都会面临生死考验。从现实意义来看，防御性的经文能提醒人采取防范措施、行事小心谨慎。避免意外肯定要比事后找医生或律师划算得多。

又用量子物理来解释的话，一切都说得通。这里体现了万物互联的经济法则，也就是经济学上的量子全息图矩阵。

我与一些人进行了讨论，有一些人不太认同全身跪拜时唱诵经文这样的行为。他们会说"这些藏民在寺庙前跪拜用去了太多时间，用于生产的时间不够"。很多人认为只有高生产率才能维护社会稳定。因为所有人都会更富有、更忙碌，都会消费物质商品、收集名牌。可我认为全身跪拜五十次会比去健身房的效果更好，他们听后颇为震惊。在我看来，早在健康俱乐部诞生之前，藏族人民就拥有了顾全整体的生活观。此外，这也是从更广阔的视角来看待人们生活、工作、祈祷和理解周围环境的方式。

社会企业项目

遍巴拉（Pembala，前面提到的遍巴）加入了我的社会企业项目。我们在2002年拍摄《寻找香格里拉》时见过。我们一起把这个老旧的藏式庭院变成了拥有9个房间的精品酒店，还配有餐厅和茶室。整个酒店还原了十三世达赖喇嘛（1876—1933）

时期的风格。遍巴拉的老家是拉萨周边的一个村子，是个有名的木匠村和画家村。遍巴拉本身是个木匠，并从老家找来了30位藏族手艺人。他的父亲是个木匠，就把这门手艺传给了儿子。隔壁那栋楼也在出售，我们就一起买了下来。这两栋楼占据了这条巷子，我们也就有个整条街的商铺，所以又开了商店和手艺工坊。

建筑是一个民族与所处环境的对话，是文化认同的重要内容。然而，数十年来的发展极大破坏了本地建筑风格，房屋换成了毫无特色的水泥结构。这种统一性将各个社区的特性连根拔起，自然缺乏个性。原本多样的本地文化——每种文化都有各自的建筑、传统、语言和生活方式，如今几乎荡然无存。只有在中国西部的边远民族地区，文化特性才有一丝喘息的机会。

之后那些年，我们的餐厅只雇用本地手艺人。我们用传统的方法来做事，尽量让房子保持原貌，用老材料来修补坍塌和破损的地方。买涂料的时候也会找石磨颜料。

我们听说有位石雕大师住在山上的乃琼寺，就靠近那座一直保存达赖喇嘛守护神谕的城市。十月份的一个下午，我们找到了他。当时，群山中红叶闪烁，只见他盘腿坐在嘛呢堆后，而嘛呢堆有他亲手刻的藏族咒文。我们请他用石头雕出神像和祥瑞图案。这些图样都是尼玛次仁和贝鲁钦哲仁波切（Beru Khyentse Rinpoche）精心挑选和认可的。我们会把这些石雕嵌入酒店墙壁当作装饰品。之后六年里，我们三家酒店里的所有石雕都是由他负责。项目要求的图样越来越复杂。我们成了他的主顾，为他提供了稳定收入，以此支持他的手艺。不久之后，很多人来到我们酒店欣赏他的作品。他的石雕出名了。

在西藏仍保留着口传技艺的传统，也就是父亲传给儿子、师傅传给徒弟。然而现在出现了那么多钢筋水泥结构，这些技艺不久就会失传。我们的西藏工艺团队服务了六年，打造了四家酒店、三间诊所、一个残疾人作坊以及一所学校。

下午晚些时候，工人们稍事休息。他们围坐着唱歌、喝青稞酒。这些欢乐时光充满欢声笑语。然后他们拾起工具，继续工作到晚上，工作的时候歌声不断。

在西藏，工作和消遣并不冲突。两者融合成为一种生活方式。

一天早上，庭院酒店快要完工，一个乡下小女孩来到酒店门口。她的眼睛很大，长发及腰，只接受过小学五年基础教育。她叫古桑（Gusan），想要帮忙清理建筑垃圾。

工地乱七八糟，但古桑拼命打扫。每天早上，我从部分完工的房间里出来，就看到古桑坐在阳光下的走廊里学英语。每天开始工作之前，她会问一个新单词的读音。

酒店开业后，古桑留下来打扫房间，而且总是不断练习英语。她从房间清洁员升为房间检查员。她的英语水平提高了。后来她到前台工作，很快就管理接待事宜。

"把他人当作他们本该成为的人来对待，并帮助他人变成他们能够成为的人。"这是18世纪德国哲学家约翰·沃尔夫冈·冯·歌德（Johann Wolfgang von Goethe）说的话。这句话成了我的座右铭。

香巴拉之家成为拉萨老城中首个持证经营的"家庭旅馆"。这个例子激起了一股改造传统房屋的潮流。有些房子变成了别致的精品酒店，有些只是小型家庭旅馆。无论如何，藏族人做到了旧房新用，保护了自己的建筑，并让社区焕发生机。

我们开店后接待的主要是外国客人。我们惊喜地发现，也有很多中国人来我们这里住，想要体验藏族文化。白天，很多在老城围着圣地绕行的藏族人会顺道来我们酒店，来这里拜一拜时刻亮着的神龛，然后喝点甜牛奶或酥油茶。

香巴拉之家成为发展的一个缩影。我们并没有照搬什么理论学说。我们就是与民众互动、从头做起。通过这样的创作，我们逐步建立了一个社会企业。

经济学中的万物互联

每天早上，礼拜者沿着我窗前的小巷诵经，把我唤醒。然后我会去买那家的藏式薄饼，就是老板娘把赚到的钱分给流浪小孩的那家。

在冲赛康（Tsongksikhang）市集里的交叉口处，西藏干酪高高地堆在摊位上。香料店的木盘里装着红辣椒和黄孜然，香味四溢。这个巷口是古代商贩的交易场所。自公元7世纪拉萨城创建以来，这个市集一直开到现在。从康巴（Kham）来的牧民戴着很多条琥珀和绿松石项链，头发上挂着红色流苏和珊瑚碎片。他们兴冲冲地买卖次等宝石、鞍具和兽皮，一直与人攀谈至黄昏时分。这里每天都会这样，离我家就只有几分钟的路程。我每天都在观察这些巷子里的万千变化，看看各种场景如何融合为一个整体经济。我们的社会企业要想成功就得融入那个整体。

下午时分，我和遍巴拉在社区里穿行，去店里探访手艺人，问他们是否愿意做我们的产品。我们一起设计出这家小旅馆所需的东西。我们在纸片上画出素描图供工匠参考。我们只用传统材料。

很快，整个社区的人都变成香巴拉的利益相关者。

我们为第一家餐厅打造咖啡杯和碗盘的时候，想找西藏陶瓷制品的货源。然后我们与蹲在巷子里卖陶器的流动商贩交谈，了解到陶瓷来自距离拉萨三小时车程的一个村子。这里的土壤是深红色的。这个陶艺村专门做青稞酒的酒缸，然而产量在下降，因为塑料和铝制品更加便宜。因为做陶器赚不了钱，年轻人就去城市里找工作。我们想修改一下传统陶缸和保鲜碗的自然形态，打造出杯子、盘子，以及装洗发露和沐浴液的罐子。我们的三家酒店和三间餐厅都需要这些东西，所以村民们有活儿干了，也能重振这门手艺。最妙的是，盘子和咖啡杯都不是配套的，纯粹就是艺术品。

餐厅茶室里摆放着古董门板，那是在拍摄《香巴拉经文》期间从西藏西部捡来的。后来我们发现客人们想要购买和收藏这些门板，于是我们就做了小巧的复制品，让他们能装进行李箱。在我们有此发现之前，整个社区就在做这些东西了。

我们掀起了传统手艺的复兴浪潮却不自知。

藏族人按照自然节奏生活。他们并没有将精神世界与物质世界分开。他们的思维过程是内在的东西，不怎么受时间的影响。比如说，藏语中的"下午（guongda）"一词可以表示午饭后的任何事情，也包括晚上发生的事。事情自然发展，没有特定情境和截止时间。我每天生活在老城里，与藏族人交流时，都在努力摆脱既定的西方逻辑思维。

走进他们的世界就像游入一个丰富多彩的无维空间，要靠内在感觉来穿过万物互联所形成的逆流。我自己的时空概念改变了。显然，看似微不足道的想法或行为也可能会产生巨大影响。由此，我领悟到一件事：一个微型项目的成功可能会引起全球变革。

我开始思索经济学上的万物互联。我们社区里发生的事情与青藏高原的可持续性密切相关，反过来又受到全球气候变化的影响。万事万物都是相互联系的。联系通常不太明显，但却总是存在的。

开发商想让人们搬走，政府官员也坚持要大家搬走，但是人们可以将传统房屋改造成小型家族企业、商店、茶室或客栈，这样就不用搬走了。社区可以让自身的经济平台推动和维持文化发展，不必改变或破坏社区文化。人们可以继续住在老社区里，继续买牦牛酥油来煮茶或祭祖。安多县（Amdo）的牧民可以继续养牦牛。

千百年来维持草原生态平衡的放牧模式也得以保留。

通过编织地毯来拯救老虎

一天下午，古桑陪我去市场。那个市场位于转经道上的一栋两层大楼内。里面有很多批零商贩在卖各种东西，从塑料绿松石到地毯应有尽有。我们上二楼去看地毯。

我发现了一块虎皮纹地毯。

上面的图案跟我在有关书籍上看到的传统图样相同。"我们想买这张。"我大声说道，然后开始讲价。她轻轻地抓住我的袖子，把我拉到边上耳语："为什么你想买那张？那不是藏族人织的。"

我大吃一惊。"但这是一张传统地毯，对吧？"

"不是，"她的声音更柔和了，"这是传统图案。地毯是由工厂生产的，厂家在上海或是广州。"她朝销售人员点了点头。"他们都是汉族的商贩，不卖西藏的产品。这些商贩卖的所有东西都来自其他大城市，并不是藏区的东西，而且全是机器批量生产的。"她边说边让我回头看那张地毯，还张开手掌摸上去。多年劳作让这个孩子的手变得粗糙。"这都是人造纤维，"她叹息，"这不是真的羊毛。染料是化学色素，不是天然颜料。为什么我们要买这种地毯？这样的话，西藏的织工就没有工作了，就会失去传统工艺。"

她刚刚就本地经济情况给我上了一课，我颇为惊讶，沉思片刻，同时看着卖地毯的商贩声音激动地猛夸地毯的绝妙品质。

我们立马回到香巴拉之家，看到遍巴拉在洒满阳光的露台上小口地喝牦牛酥油茶。我们一起开动脑筋，想出一个振兴西藏地毯纺织业的计划。

遍巴拉说他的妻子原来是地毯织工，还拿过奖。但是地毯织工的平均月薪只有300元人民币左右（不到50美元）。她在冲赛康市集卖烟比作地毯织工赚得多。无论如何，本地地毯厂被迫关门大吉，因为通胀在涨而工资不涨，而且批量生产的地毯让传统地毯市场迅速萎缩。那些机制的合成地毯用的是廉价化学染料，要如何与之抗衡呢？

我们自己进行市场调查。我们探访了拉萨主要景点的所有商铺，估计在售的藏式地毯中约有 90% 是来自中国的其他城市。而市场上那些"真正的"西藏地毯大多是从尼泊尔进口的，是由流落异乡的藏族人编织的。本地产的西藏地毯非常少。

以前，老虎皮象征守护之灵，人们用虎皮来包裹经盒、制作冥想垫，或是把虎皮挂在寺庙门上驱邪。藏族人珍视这样的兽皮，并且尊敬和喜爱这些东西。藏族人很有节制地使用虎皮，从而不仅维持环境的平衡运转，也保持对环境的尊重。这些兽皮世代相传，得到了精心保护。

19 世纪之前，喜马拉雅山脉和丘陵是老虎的自然栖息地。英属印度组织探险队进行猎虎比赛和赏金狩猎。这导致喜马拉雅虎大量死亡，而且整个环境急剧失衡。

20 世纪伊始，喜马拉雅虎几乎绝迹。环境改变后，藏族人一改往日猎杀老虎的行为，转而开始编织虎皮纹地毯。这种自然演变既是源于需求，又是为了适应环境变化。地毯上的虎皮图案正是源于这种生活方式的演变。藏族人用纺织品来替代真正的虎皮，让这种图案变得更受欢迎。他们通过这样的做法来调整生活方式，从而使反常扭曲的自然环境重新变得平衡。

我们决定创办一家微型编制企业。遍巴拉买来编织用的金属框架，而我们的木工用木头做了卷羊毛用的转轮。我们把这些东西摆到一间店铺里，然后聘请了会织地毯却未受过其他教育的农村妇女。不久之后，我们就有了一个小型地毯纺织合作社，叫作"拯救西藏虎"。

我们的一位员工把一张泛黄的照片贴在店内的墙上。照片上的英属印度猎手鬓角浓密、髭须上蜡，身旁的印度侦查员明目张胆地用枪指着老虎的尸体。那位员工在照片下写道："英属印度猎杀老虎，藏族人编织地毯。买一张地毯，救一只老虎！"

所有的羊毛都是牧民供应的。在我们的作坊里，姑娘们把天然染料捣碎，然后放到铜制大桶里搅拌，再拿到楼顶，把刚染好的羊毛晾在拉萨明丽的日光下。客人会沿着晃悠的木制楼梯来到屋顶花园眺望布达拉宫，时常就走进一个色彩斑斓的世界，看到晒干的羊毛线经过木制转轮一卷就变成了紧实的毛线球。虎皮纹地毯是在店内编织完成的。如今，在香巴拉之家和我们的第二家酒店香巴拉宫，每个房间都有虎皮纹地毯。

虎皮纹地毯项目实现了很多目标。我们振兴了本地工艺，同时让妇女通过工作获得了文化认同感、增强了自尊心。可以这么说，虎皮纹地毯项目的意义不只是工匠复兴。这提醒我们，当其他人破坏我们的环境时，我们要根据世界环境来调整生活方式。

残障者自强，无声的力量

2006年冬天，我第一次见到阿努（Anu）。那是个寒冷的早晨，强烈的日光透过窗户洒进她的小屋。阿努是个藏族老人，独自一人住在一座传统藏式大院的上层。她4岁时被拖拉机压断了腿，从此落下残疾。她没有结过婚，也没有孩子。

阿努拄着一根粗糙的木头拐杖在家中行走。她的家简单朴素，仅有的摆设就是佛龛和一台老式胜家缝纫机。她指着缝纫机说自己很喜欢做针线活。

我用几块黑布把手包起来，想弄出犄角的形状。我问她能不能给孩子们做牦牛玩偶呢？孩子们肯定会喜欢的。要是牦牛受欢迎的话，我们再做山羊。

阿努做了30个玩偶，很快销售一空。酒店的客人还想买。我们买来缝纫机，很快就建起一支玩偶生产队，成员都是残障人士。我们还做了其他动物玩偶，如狼和獒犬。两位蒙特梭利教师主动帮我们写了一本书，介绍每种动物在青藏高原脆弱的生态环境中所扮演的角色。这本书有英语、藏语和中文三种版本，还配上了当地藏族艺术家画的插图。

我们把这项工作称为"西藏儿童计划"（Tibet Children's Initiative）。这个计划让社会边缘的残障人士得以自强，并提高了孩子们的环境问题意识。

帮助边缘人群自强成为香巴拉的宗旨。其实，在我们的员工中，没几个具有小学五年级以上文化水平。大多数是女性。半数员工为残障人士。因为其他房子要进行修整，所以我们的这项业务得以拓展。新酒店所需的枕套、床罩、窗帘和灯笼都是在这间工坊里手工缝制而成。

有一天，我和遍巴拉看到一个妇女独自坐在工作台旁费力地缝制东西。她叫顿珠·拉姆（Dhondup Lhamo）。我们想和她说话，却发现她既不会说话又听不见。她用简单的手势与我们交流，带我们穿过几条窄巷，来到一户藏族人家。里面住着的那对夫妇将她抚养长大。她因残疾而成为弃儿，十几岁的时候遭强暴后生下一个孩子，但却无法养活自己和孩子。她想找份工作，还想学习缝纫。

第二天，我们工坊的负责人塞缪拉（Semola，他的一条腿有问题）开始教她缝纫。

她学着绣白度母伸出的援助之手，就是2002年我从拉萨机场直奔到度母寺看到的那只手。当时我是第一次见到这只神圣之手。掌心的眼睛注视着苦难，手指外伸以提供帮助。

她很喜欢这个图案，就到处绣。于是我们把这个图案当作商标。

在日常生活中创造香巴拉境界

香巴拉之家不只是一家酒店，倒是有点像社区中心。酒店里的所有东西，比如窗帘、餐巾、床罩、毯子、枕套、灯笼、洗衣袋、牙刷架，就是所有你能想到酒店要用的东西，都是我们这个藏族残障人士工坊做出来的。在这栋老楼里，店面朝着街道，工坊在后头。据旧版拉萨地图所示，我们工坊所处的位置上曾有一间茶馆，由一个尼姑庵负责经营。

我的心态全然改变。每天早晨，我听着街上的唱经声醒来，眺望城市四周积雪覆盖的群山。我想的不是我们能赚多少钱以及如何用这些钱来享受生活。我想的是我们能资助多少台眼科手术、还能招多少学生来我们的学校、还能请多少残障者来我们的工坊。我看到我们的小企业给别人的生活带来了积极影响。这比赚钱更让我有满足感。当然，企业要能赚钱才能实现这一切，但是两者并不矛盾。其实，这并不是两件事。尼玛次仁的经验之谈和三个菩萨的经济学说都说明：万事都有多面性。

2006年到2012年，我们这个藏族残障人士工坊的生产线从纺织品延伸到衣物、绿松石珠宝和灯笼。这些产品或是供我们的酒店使用，或是拿到我们的店面出售。此外，我们还开展相关项目来援助当地医疗（让僧侣成为医者）、集资治疗失明（让人们重见光明）、支持教育（给孩子们一个机会）。这都是靠我们酒店的经营管理来运作的。

我们的集体经验逐步发展成为一家社会企业。企业在赚钱的同时可以保护本地文化、环境，甚至也能支持开拓性的社会项目。

与此同时，我们又开了三家古迹酒店。香巴拉宫是由一座喇嘛宫殿修葺而成，距离香巴拉之家仅5分钟路程。在另一个朝圣古城江孜镇，我们先行示范，修葺了老城区的一栋楼。

但最具挑战性的项目是在海拔4200米的一个峡谷内进行的。人们把峡谷内的温泉池尊为圣物。这些温泉已拨给一个残障牧民村。这些牧民先前按照政府的安居政策搬到一个地方定居，但是上游的采矿活动污染了他们的水源。全村500人中有300人是残疾，而且多数是女性。为了补偿他们，政府批准他们把这些温泉运作成一个"度假区"。毫无疑问，他们不知道如何运作一个度假区，于是我们就跟他们合伙来进行。

新建酒店比想象中要困难。我们希望酒店能与周围的群山相融合。根据地形来看，酒店要沿着峡谷边缘建造。当然，传统藏式建筑能够做到这点。几千年来，他们都能在悬崖峭壁上建起寺庙。当我们得知开发商在拉萨拆毁了一栋古楼，遍巴拉就认为，要是把古楼搬到这个峭壁来肯定再好不过。开发商拆楼的时候，我们的团队就待在边上，把古老的石块和木柱一一搬走。我们把材料保存好、标上号，然后在峡谷中把这些材料重新组装变成我们的酒店。

酒店内设有一个活动中心，所进行的活动涉及祭祀用香、酸奶制作、牦牛皮毛加工和织毛衣使用的精细羊毛。我们还在酒店内开了一间诊所，由一位僧人担任医生，为牧民和朝圣者提供医疗服务。到2012年，他一天接待的人数有时达到40人。他想让我集资开办一家医院。在写这本书的时候，我们已经完成了第一步，就是建起了一个拥有20个床位的病房。

但是，没有一件事是轻松的。受某些原因影响，我们的项目中断。在温暖的夏天，西藏的旅游业停滞，于是所有人都去修葺刚拿到的那座喇嘛宫殿。当时那个宫殿残破不堪，急需精心整修。不到一年，香巴拉宫就建好了。这个酒店维持了喇嘛宫殿的原貌，所以看起来像座寺庙，而不太像酒店。香巴拉宫于2010年开门营业，生意一直很好。

香巴拉宫其实见证了西藏人民守护文化的决心，看到他们在最艰难、最恶劣的环境下也绝不放弃。之后几年，我看到各地的人都在这样做，不管他们是藏族人，还是其他民族的人。结果总是一样的。

文化、传统和民族自豪感是人们的精神内核。如果你把水泥浇在草地上，那么草茎终将立起来冲破水泥板。精神和灵魂是一个民族的集体无意识，是物质主义买不到的，也是基础设施建设无法铲除的。正如尼玛次仁所言，精神会比物质更有力量。

别骗自己。"我们能让他们变得跟我们一样"这样的想法行不通。在阿富汗和伊拉克进行的所有援助项目都无法消灭当地人的文化特性。一个民族的文化内涵和民族自豪始终都在，有时会延迟和休眠，直到裂口出现，重新站立起来。相信我，情况始终如此。

我们把老房子修整成古迹酒店（由太阳能供电），在世界之巅建起社区发展的微观模型。生态旅游产业保护本地建筑，反过来又为社区提供医疗、残疾人士工坊和学校这些社会保障。每家古迹酒店在盈利的同时也在保护本地文化。而且，人们在做生意的同时能给社区和环境带来积极影响，从而获得自豪感。这是社会企业的本质理念。社会企业既不需要花哨的定义、经济学公式，也不需要测量矩阵理论。社会企业就是我所讲的这些，就是如此简单。

在西藏能建起社会企业的话，在其他地方也能行。

第三部分

多元本地化
人民自强则长治久安

> 佛陀抛弃了政治去树下打坐。现在，佛陀不应继续在树下打坐，而是应该回归政治。因为树都被砍光了。
>
> 伊恩·贝克
> 《国家地理》杂志签约探险家、作家

不管是在发展中国家还是发达国家，都要先保证本地经济和基层社区的可持续发展，才能保障水资源和食品安全、防止民族冲突和恐怖行为。

也许我们的经济学假设错了。贪欲不一定是人们的唯一动力。民族认同感和文化自豪感与物质发展一样重要。也许我们要用新的方式来衡量满足和成功。

喜马拉雅共识就是一个崭新的经济学范式，不参照任何模式和经济学理论，而是源自整个喜马拉雅地区的集体经验。遵从喜马拉雅共识的方法灵活变通，在多变的国际环境中从本地智慧里寻找解决办法。例如，不丹的"国民幸福指数"和孟加拉国的小额信贷。底特律人和达卡人对于小额信贷的需求同样迫切。

喜马拉雅价值观立足于这一地区伟大的宗教以及哲学思想。每种思想都强调社区先于个体、广泛社会福利高于个人利益、扶贫济困重于个人名望。核心原则至少包括这些内容。

本地居民是区域环境的看守者。他们的生活方式体现了宝贵的地方智慧。这种生活常识能够保护环境。如今，这一点尤为重要。我们的地球正面临气候变化造成的水资源和食品安全危机。迫切需要将本地智慧和整体分析纳入我们的经济学。

保证经济持续发展是防止暴力和恐怖的最佳途径。人们无法发泄不满就会走极端。贫穷、种族歧视和资源损失（如食物和水资源损失）都会引发这一现象。因此，我们的金融系统亟待改革。要开始资助本地企业。这是让社区变得自主、富裕的最快方式。这种方式并非只关注让少数人快速致富的资本市场，而是会关注其他人，并且考虑到我们的子孙后代以及地球的长期健康发展。

经验表明，当人们遭遇边缘化、无发展前景、无发泄渠道时，极端主义就会抬头。这正是喜马拉雅共识极力避免的情况。

07

失权因素

根除恐怖主义

Fusion Economics
How Pragmatism Is Changing the World

消除极端行为

2007年,伊斯兰堡。2007年1月26日,伊斯兰堡的万豪酒店突发大爆炸,而我当时就在酒店的咖啡厅里,恰好坐在目标区域的中心位置。人们快速冲到桌子底下。几分钟内,媒体和武装部队涌入了酒店大堂。之后五年内,巴基斯坦首都持续发生自杀式爆炸。

万豪酒店的这场爆炸袭击后来被拍进了好莱坞大片《刺杀本·拉登》(*Zero Dark Thirty*)。

我能活下来全是因为一堵厚墙和一位保安,但那位保安不幸遇难。后来我才知道,有一位年轻的自杀式袭击者本想从停车场进入酒店大堂,但一位保安起了疑心并阻止了他。正是这短暂的耽搁救了我的命。

炸弹是定时炸弹。

炸弹袭击发生几分钟后,时任伊斯兰堡市长秘书的穆明·阿迦(Momin Agha)

现身酒店。武装部队、警察和记者涌入酒店大堂，立刻引起骚动，所有人都很想知道发生了什么。

穆明十分困惑、不知所措。我是现场唯一一个美国人。他的手机响个不停，电话一个接一个。"我们该去哪里？"他问道，自己也没了主意。

"去市集吧，"我提出建议，"我能低价买到地毯。"

他颇为震惊。"现在这种时候去吗？"

"相信我，那是城里最安全的地方。走吧。"

15分钟后，穆明还在接听一个个慌乱的来电。市集里堆满华美的旁遮普绣枕，我就盘腿坐在一摞地毯上，静静凝视五香茶冒出的热气。

茶杯中的热气让我想起了拉萨。

佛龛前香气升腾。香气四溢，与信徒缓缓拜佛的声音纠缠在一起。大昭寺内，高僧尼玛次仁坐在大慈大悲的观世音菩萨跟前。他说："宇宙间万事万物都是相互联系。有果必有因。如果你剥夺了一群人的权利，他们不会善罢甘休。他们会报仇。形式多种多样。这就是因果关系。有作用就有反作用。如果作用力是积极的，那么反作用力会更加积极。如果作用力是消极的，那么反作用力会更加消极。暴力行为会引发报复行动。"

这种亚洲的历史观认为事物是循环产生，而不是线性发展的。按照这位高僧的说法，我们正处于一种恶性循环之中。循环中断或终结时一切才消停。慈悲能实现这个目标，而怒火不能。要不然，循环就会继续，甚至恶化。

尼玛次仁曾说："世上有些领导人以为逐一镇压各个民族就能消灭恐怖主义。想想看，这样做有道理吗？你去看看真实情况，就发现越是压制问题，问题就越多。应该将智力和物力用在治病、脱贫和解决时弊上，恐怖主义自然就不会出现，因为没有出现的理由。这样不断地制造和使用武器都是在滥用人类的智慧，并不是理性地解决问题。"

我的注意力又回到市集上、又回到热茶散发的香气上。几条街外的骚动已然成为市集里的谈资。手机响个不停。

我在想，那个年轻的自杀式爆炸袭击者差点杀了我。华盛顿智库推演各种复杂情境，就为了弄清如何打击恐怖主义。在这些待遇丰厚的组织里，有没有人愿意想想这样一个非常简单且符合常理的问题：为什么人生才刚刚开始的年轻人会如此突然地了结生命？

唯一的解释是：他对未来不抱希望。

经济自强给人安全感

爆炸发生不久之后，时任巴基斯坦外交部长的里扎·穆罕默德·汗（Riza Mohammad Khan）把我召到外交部。"恐怖主义爆发并不是因为人们有政治企图，而是因为他们没有指望，"汗说道，"他们遭到社会排斥。国际媒体把他们仅有的信仰妖魔化，他们别无选择，只能变成激进分子。"

"更重要的是摆脱贫困，"汗叹息道，触及问题的根源，"在巴基斯坦，我们努力对抗贫穷、寻找解决办法。我们需要新的价值体系，需要更紧密的国际合作和更平衡的贸易关系、需要互帮互助的发展模式。"他沉思了一会儿，一直凝视前方桌子上装着奶茶的精致陶瓷杯继续说道，"我们要改进管理地球的方法。一不小心就会毁了它。我们现在组成了地球村。"

接下的日子里，我试着理解发生的事情。为什么那时候自杀式爆炸袭击者要袭击我所在的酒店？爆炸发生的时候，我是目标区域内唯一一个美国人。是我们美国人做了什么事而让他决定以身殉难吗？这周早些时候发生的事给出了答案。

一架美国无人机炸毁了一所伊斯兰学校。这架无人机穿过阿富汗国境、飞进巴基斯坦领空，目的是击杀塔利班嫌疑人。80个孩子丧生。附近根本没有塔利班成员。

伊斯兰学校为什么会成为美国无人机袭击的目标？

伊斯兰学校的很多学生都是流浪儿童。他们的父母往往很穷，都忙着维持生计，无法照看和管教他们。于是父母把孩子们送到宗教学校，希望孩子们能融入一种社会组织，因为家庭教育做不到这点。

课程内容包含宗教知识，因为学校并不具备教授其他知识的条件。所以，孩子们上学之后会充分掌握伊斯兰宗教知识，但却缺乏谋生的实用技能。他们没有持续的谋生之道，可以去学校工作就去，要不然就投身宗教组织。

他们被剥夺了经济权利，而且明确意识到西方媒体贬低他们的传统和信仰。他们十分愤怒，去清真寺里寻求安全感和认同感。这就成了他们的生活方式。

美国炸毁学校就是在培育新世代的潜在恐怖分子。遇难儿童的亲属可能会想尽办法去报仇。阿富汗的联军不断袭击伊斯兰学校，肯定会让自杀式爆炸袭击者数量上升，绝不会使之下降。

华盛顿眼中和西方媒体笔下的伊斯兰学校是宗教激进主义的温床。然而在这些资金雄厚的智库里，没有人想过如何让这些学校变成创建和谐社会的机构，防止它们成为滋生暴力的地方。

一部分美国纳税人基金会交给合格的本地基金会来运作，用于资助社会工作和职业教育。人们可以利用宗教学校的广阔社会网络来建立起本地家庭作坊，从而得以自强。成本如何呢？

中亚研究所的数据表明，5000美元足够一所巴基斯坦学校运营一年。创办学校并运营五年需要5万美元。玛丽亚海伦娜基金会（Maria Helena Foundation）每年拿出1000美元来资助一所女子职业学校。在巴基斯坦建一所临时战地医院需要11 830美元。

美国纳税人把很多钱投到炸毁学校的无人机上。一架"收割者"无人机的造价为1000万到1200万美元，而一架"捕食者"无人机造价为450万美元。光是让无人机执行侦察任务，每飞行小时成本就高达13 000美元。投向学校的炸弹单颗造价为19 000美元（宝石路炸弹）至31 000美元（JADAM炸弹）。

所有轰炸都没用。我们忽略了最基本的影响因素。经济自强能给人安全感。因为人们的生活有盼头，而且有办法创造美好的未来。当然，并非所有贫穷和失权的人都会转向暴力，但好像情况更多就是那样。任何群体或民族在遭遇身份和经济边缘化时都可能绝地反击。要帮助人们实现经济自强，并让他们能够保护和发展自己的种族特点和文化身份。这不见得能终止所有的暴力和恐怖主义，但肯定会大幅减少这些行为。

美国深陷债务黑洞却还要利用纳税人的钱去轰炸巴基斯坦的穷学校。对此，我们是否应大胆质疑一番？写这本书的时候，投入阿富汗、巴基斯坦和伊拉克战争的费用已达到6万亿美元。这有助于实现美国国内安全吗？美国越是轰炸巴基斯坦的伊斯兰学校，巴基斯坦这个国家及其人民就越是会转向他国寻求联盟。同时，为了资助我们的军事冒险主义，美国财政部又去跟外国借钱。无人机炸一次学校所花的钱能资助多少所巴基斯坦的职业学校？

无人机战争炸死儿童，浪费了一大笔钱。完全可以用这些钱来资助职业教育，让孩子们学会谋生手段、拥有美好的未来。这样，恨我们的人就会少一点。其实，华盛顿之外的人大多会表示赞同，特别是我们的军人也会赞成，毕竟最终还是穷人去打仗，而不是富人上前线。利用经济因素来防止极端主义比一失控就开打要划算。

但是美国政府给本国职业学校的资助都不够。

征收天课以实现社区自强

拉合尔（Lahore）迷宫似的街道上充斥着各种香料和废气的味道，三轮摩托车的噪音不绝于耳。卡姆林·拉沙利（Kamrin Lashari）曾担任拉合尔市长，在位期间振兴古老街区，修复底蕴丰富的老城区，即莫卧儿城（Moghul city）。他让古代市集重现生机，把这些市集改建成现代化的露天步行街，而且街上还有干净卫生的小吃摊和各种工艺品。

拉沙利回到伊斯兰堡当市长，负责监督一座古清真寺的修复工作。那座清真寺后面的峭壁上布满苏非派僧人的冥想洞。拉沙利想要重振伊斯兰堡周边农村，想要在那里建起家庭作坊、发展可持续旅游业。

2007至2009年，我在南亚接触了一些政治领袖、环保主义者、非政府组织和社会活动家，与他们交流了关于社会企业和社区自强的经验。每个人都创出一套整体经济分析法。每个人都想用新的经济范式来维持地球发展。在交流期间，我与他们一起将这些想法发展为喜马拉雅共识。以下是一些基本观念：

- 种族特性是民族身份的核心内容。应重视种族的个性特征，不应将之扔进大熔炉同化；
- 文化保存有助于可持续发展；
- 只有利用经济因素才能保护和发展文化；
- 小额信贷能实现这一点。小额信贷能使边缘人群自强；
- 支持本地小企业能够重振社区；
- 我们的全球金融架构需要改革，要支持中小型企业，而不是只支持大企业。

喜马拉雅共识的核心内容是这一地区的伟大哲学思想——伊斯兰教、佛教和印度教。每种思想都重视弱势群体自强。布施普遍存在于印度教、佛教和伊斯兰教的传统中，是喜马拉雅地区公认的基本社会责任和道德责任。

天课（Zakat）是伊斯兰教的五功之一。《古兰经》第 2 章的第 177 条说得很清楚："你们把自己的脸转向东方和西方都不是正义。正义是……将所爱的财产施济亲戚、孤儿、贫民、旅客、乞丐和赎取奴隶，并谨守拜功、完纳天课。"

这是因为个人属于广大社区，而且个人要为社区的福祉作出贡献。社区反过来也会帮助个人。两者是相互联系的。

雷扎·阿斯兰（Reza Aslan）是研究伊斯兰教的美国著名学者，著有《唯一真主》（*No God But God*）一书。他说："人们按收入的 2.5% 缴纳天课。这与"慈善"不同。做慈善指的是你有能力且应该捐献。天课这个理念关注的不是接受施舍的一方，而是给予施舍的一方。这不是慈善，而是功德。伊斯兰教以群体为基础，每个人都要为他人负责。天课不是散财，而是说群体中最强者要关照最弱者。"

"西方观念认为沦为最弱者是因为不努力工作或不太想成功。这并不符合伊斯兰教义，"阿斯兰说道，"最弱者要为最强者负责。这是一种义务。群体中的强者有义务关照弱者。"

李东林（Donglin Li）时任联合国国际劳工组织驻巴基斯坦局局长，他是中国人，在视察期间问起爆炸事件。然后他把数据摆到了桌子上。国际劳工组织的数据显示，在空前繁荣的过去十年里，年轻群体的失业率最高，致使 8630 万年轻人遭遇边缘化。2007 年，全世界失业人口中有 44% 是年轻人。他们大多都是 15 到 24 岁，这也正是自杀式爆炸袭击者的年龄区间。

然后他想到一个故事。"我开车路过巴基斯坦乡下时，车胎爆了。很多村民过来帮忙。我拿钱给他们，但他们都不要。在伊斯兰堡，我在花园里种了一棵木瓜树，但没有人来偷木瓜。我想这与穆斯林的互帮互助有关。"

国际劳工组织在巴基斯坦开展了一个项目，专门处理贫困和儿童权益问题。项目成功的关键就在于穆斯林的互帮互助。李东林说，国际劳工组织引入一笔 1500 万美元的反童工资金，用于增加家长的收入，从而让孩子们放弃工作去上学。这个项目既开展培训又提供小额信贷，目的是让贫困人口通过创业来实现自强，同时也建立自信。

这个项目不提供援助物资，而是提供无抵押贷款。"我们计划让二三十人组成的村社办一个'集体抵押品'，这是社会担保，不是财务担保，"李东林说道，"通过这样的基层网络，我们这个贷款计划的偿还率高达95%。"

李东林叹息道："GDP 增长会提供就业，但往往又会扩大收入差距。过去十年，世界生产力水平提高了26%。然而全世界就业人口仅增长了16.6%。收入差距在加速扩大。"

"全球化让富人更富，但不应让穷人更穷。"

没有工作的穷人会杀出一条路

2007年，加德满都。一辆摩托车来接我，在一个拥挤的街角把我放下。那里有人拦了一辆出租车。

出租车把我载到另一个拥挤的街角。我站在十字路口不知所措。然后另一个人出现了。他们把我带到了一个房子里。

一个侦察员抬起头，探身出窗户。他打了个暗号。随后有个人从私人车道走过来。他们带我往一条小巷走去。我紧跟了上去。

好像哪儿都到不了。

就这样一直走，迷失在加德满都迷宫般的贫民窟里，最后来到一个平平无奇的安全屋。屋内很空，就只有全副武装的游击队员在阳台和楼梯间放哨。

我觉得这里就是目的地了。

我被带进一个房间，里面只有一个桌子和几把椅子。桌上孤零零地摆着一杯五香茶。我盯着茶水看。几分钟后，对讲机里的静电噪音打破了沉寂，然后外面的走廊传来一阵喧闹。房门猛然大开。帕苏巴·卡麦尔·达哈尔（Pushpa Kamel Dahal），即大名鼎鼎的"普拉昌达（Prachanda，意为'凶猛'）"，是尼泊尔联合共产党的神秘领袖。他走进房间，给了我一个熊抱。

尼泊尔联合共产党十分顽强地进行了十年的反抗活动和游击斗争。在战争年代，普拉昌达待在尼泊尔南部，经常秘密穿过松懈的印度边防去寻找避难所。他的神秘感以及游击斗争所取得的惊人成就让他成为活着的传奇。他率领的游击队包围加德满都后竟然做出让步，同意放下武器，并以一个合法政党的身份进入尼泊尔政坛。

他们通过选举来谋权，而不是用枪杆子夺权。

"我们想让贫穷和受压迫的人民拥有民主。我们想让整个社会发生实质性改变，商业和农业都需要变革，"普拉昌达声明，"在山区建立民主，从而重建农村基础设施和道路。我们要建起一个独立国家应有的基础设施。"

尼泊尔联合共产党人一点也不激进，完全不是西方媒体所说的那样。他们致力于纠正畸形发展的国家经济。经历十年抗战之后，他们的领导人渴望和平、想要摆脱贫困。他们关注中国的做法，想找到一条中间道路、缔造"新社会"，从而将市场力量与社会责任相结合。

另一方面，他们害怕文化和价值观会淡化。他们非常希望尼泊尔能保持种族多样性，并且依靠丰富的传统和特性来实现繁荣发展。

他们把我找来，想听听新的观点。他们很想了解中国的成功之道，还想知道如何将之运用于尼泊尔。

然而，中国的方法并不适用于尼泊尔。

两个国家的情况很不一样。中国的劳动力储备高达13亿人，而且中国拥有漫长的海岸线。在发展初期，来自中国香港、中国台湾地区的人们以及东南亚的海外华人纷纷在中国沿海城市进行合约生产。中国的外资政策也相对宽松，至少比同时期的大多数南亚国家宽松。

这些条件是中国进行出口加工、成为世界工厂的经济基础。而尼泊尔是内陆国家，地小山多，人口分布在山区农村里，并不具备这些条件。

"我也不想盲目追随国际货币基金组织和世界银行。"普拉昌达说道。他们想另辟蹊径。他们研究中国的做法，想要根据本地条件和环境建立自己的模式。

普拉昌达在政治上是实用主义者，不是意识形态主义者。西方人非常讨厌这一点。普拉昌达拥有高学历、出身地位最高种姓婆罗门，他为什么偏偏要用这种策略呢？

主要是因为他的支持者——贫民。

为了寻找答案，我联系上伊恩·贝克。他是与《国家地理》杂志签约的探险家和作家，写了很多关于喜马拉雅地区的书。他在尼泊尔住了几十年，定有高见。

贝克简要概括了尼泊尔的政治格局。在加德满都，他家里摆满了探险的书籍和地图。"普拉昌达领导的大体上是一场以农村为基础的革命,是由无法参与尼泊尔发展进程的边缘人群发起的。西方援助国把援助资金交给尼泊尔皇室管理,滋生了腐败现象。这正是尼泊尔联合共产党奋起反抗的原因。"

巴布拉姆·巴特拉伊(Baburam Bhattarai)是尼泊尔共产党的二把手(2011年当选总理)。他的说法也差不多。"美国的那些援助计划仅维持了五年,导致国家畸形发展,让形势愈演愈烈,最后引发农村革命。"巴特拉伊不禁反思,美国国际开发署、世界银行和国际货币基金组织所给予的那些错误计划是如何导致国家畸形发展的。那些计划往往关注自上而下的基建项目,让腐败的政府精英获益,根本没有惠及那些本该接受援助的人。

尼泊尔联合共产党认为是这些机构引发了周期性的贫困现象,让广大失权的农村群众成为尼泊尔联合共产党的支持者。

这些高学历的政治领袖认为尼泊尔山区农村和城市贫民区是无权者的聚居地。他们借用一个成功模式来刺激边缘人群采取行动。他们在尼泊尔全境建起了根据地,与农村和城市中的贫民找到共同语言、连成一气,用非暴力抵抗的方式使尼泊尔的基础设施瘫痪。

民众聚集起来,整日疯狂游行,让喧闹的加德满都陷入停顿。人们在街上跳舞、唱歌、表达不满,既带有印度教的特色,又充满革命色彩。伴随着尼泊尔鼓的鼓点,游击战士挥舞着传统廓尔喀弯刀进行武术表演,同时成千上万的民众举着红旗表示支持,还有农村姑娘优雅地撒着花。这些游行不停地向加德满都的婆罗门政商精英宣告,尼泊尔联合共产党控制了街道。这是有原因的。约有40%的尼泊尔联合共产党成员是女性。一直以来,女性都卑躬屈膝、负担沉重,是尼泊尔联合共产党让她们变得自信自强,于是她们就毫无保留地给予支持。

尼泊尔联合共产党已不再是孤立无援的政治力量。2007年,局势极为紧张的时候,普拉昌达让我来到加德满都一间平淡无奇的背包客旅馆参加早餐会议。临时联合政府快要倒台。普拉昌达扬言,如果国王不退位,那么他就重返山林、执兵起义。尼泊尔联合共产党是反皇派。

但形势有变。12月,君主制被推翻,国王被撵出皇宫,之后皇宫变成了博物馆。第二年,普拉昌达当选总理。

经济自强和身份缺失

普拉昌达又叫我来开会，这次是在总理官邸。他问："是否接受世界银行的贷款条件？中国是怎么做的？"

尼泊尔与许多欠发达国家一样，似乎要在华盛顿共识和北京共识之间进行选择。华盛顿给了民主却有条件。接受多边援助就会产生依赖，就要采用完全不同的经济模式，这并不适用于本地实际情况。尼泊尔联合共产党的十年抗战正是反对这一现状。

中国选择引进外资、促进出口，将外资与基建任务捆绑，借此引进越来越多的资金。尼泊尔要忍受轮流停电、手机系统过载和交通堵塞。中国可以投资水电（他们已在巴基斯坦进行）、移动通信和道路。

无论是在巴基斯坦还是在尼泊尔，暴力怪圈都是一种因果循环。当人们无法经济自强并遭遇种族歧视时，极端暴力行为便会产生。同样，人们被逼到边缘就会造反。经济自强和自力更生是减少恐怖主义和暴力的关键所在。要铲除问题的根源。

微物女神引发的思考

我离开尼泊尔，顺便去印度拜访备受推崇的活动家阿兰达蒂·洛伊（Arundhati Roy）。她著有《微物之神》（The God of Small Things）一书。我们在新德里见面，就在她家里。屋里洒满阳光，阳台上种满花草，窗下的街道上充斥着城市的喧嚣。

我们一起回顾我在巴基斯坦和尼泊尔的经历，然后交流看法。

洛伊坚定地说："也许他们（即边缘人群）想知道，快要饿死了还怎么去绝食抗议？没钱买东西还怎么去抵制商品？没有收入何谈拒绝纳税？决意造反的人完全了解这样做的后果。他们知道要靠自己。他们知道新的国法认定贫穷有罪，并将反抗视为恐怖主义。"

同时，她批评了盲目使用GDP来衡量国家经济成就的行为。"经济学家翻翻商业报纸，大为振奋，对我们说GDP增长率十分惊人、史无前例。商店摆满了消费品。国库装满粮食。在这个光环之外，数百名农民不堪债务重压而自杀。忍饥挨饿和营养不良的案例出现在全国各地。"

"足以危及生命的营养不良和一直存在的饥饿状态如今大幅蔓延：3岁以下的印度儿童中有47%出现营养不良，46%发育不良。40%的印度农村人口所摄入的食物量与撒哈拉以南非洲人的摄入量相同。与20世纪90年代相比，现在农村家庭的年平均食物量减少100千克。过去五年是自独立以来城乡收入差距扩大最快的时期。"

洛伊不认同援助计划——她认为这样做是后殖民体系的延伸。"我们需要重新界定政治的意义，"她说，"公民社会倡议日益'NGO化'，把我们引到相反的方向去。因为这去掉了我们的政治色彩，让我们依赖援助和救济。"

我离开她家，穿行在新德里的街道上。萨莫萨煎饺的香味与快餐店的味道对比鲜明，三轮车跟宝马车在路上竞速。什么才是最适合民众的？是强行侵入的快速全球化，还是保护性的古老传统？

我决定去拜访与世隔绝的不丹王国，想去那里寻找答案。

08

喜马拉雅共识
幸福、小额信贷和社区发展
Fusion Economics
How Pragmatism Is Changing the World

用传统价值观来衡量成就

2007年,廷布。不丹的首都十分讲究,看着就像松林间建起的一个欧洲村落,只不过那些房子不是小木屋,而是用石料和木材建造的不丹风格房屋。山顶上耸立着"宗(Tsong)",也就是不丹的城堡。城墙高耸厚实,拱形屋顶层层叠叠。城堡里有一间寺庙,是一个地区或城镇的政府所在地,也是宗教和社区中心。廷布的主街沿河而建,在侧巷里有传统市场。秋色极美,金色和紫色渲染出深秋景象。

不丹格外美丽,然而这个雷龙王国最有名的输出品却是一个概念。

"国民幸福指数"这个词是不丹第四代国王吉格梅·多吉·旺楚克(Jigme Singye Wangchuck)于1986年首创。他在接受《金融时报》的采访时用了这个词。这位君主说了一句很有名的话:"国民幸福指数比国民生产总值更重要",使外界不再一味批评这个喜马拉雅王国的闭塞和不丹的低 GNP 增长率。

这个概念碾碎了传统的经济学假设,触动了全世界人民的心弦,挑战了衡量个人和国家成就的惯用方法。国民幸福指数质疑那些支撑后布雷顿森林秩序的经济学假设。或许我们能以此为例，重新考虑如何衡量经济成就和企业价值。

此外，我们也可以借此考虑如何衡量生活方式、如何安排时间。

衡量成就的传统尺度包括一家公司的发展速率和一个国家的国民生产总值。对于个人而言，可能就要看他们一生拥有几套房、几辆车、几件奢侈品。

说来讽刺，早在 1968 年，罗伯特·肯尼迪议员（Robert Kennedy）就质疑 GDP 的测量方法，并对美国人民说："我们的国民生产总值考虑到了空气污染、香烟广告……以及对于红杉破坏和对自然奇观的无序开发……但却没有考虑到孩子的健康和教育的质量。它既不能体现我们的头脑和勇气，又不能说明我们的智慧和学问。简而言之，它把所有东西都算上了，唯独漏掉了让生活有意义的事物。"

国民幸福指数质疑的是：一边苦哈哈地还债，一边积攒房子、车子和大量奢饰品有什么意义？若你打开新家的门，外面的空气受污染严重，那么新房和新车又有什么用？

国民幸福指数让人自由选择、拥有幸福，不必考虑严苛的物质量化尺度。全球学者都想找出一套测量方法来量化成功，而国民幸福指数毫不在意测量方法。

整体经济学

达硕·梅格拉杰·古隆（Dasho Meghraj Gurung）是不丹研究中心的理事会成员，是一个有尼泊尔血统的不丹人。他在联合国教科文组织驻廷布办事处将国民幸福指数解释为：

> 要了解国民幸福指数的起源，就要回归我们的传统文化的本质。我们的文化结构深受佛教影响。因此，民众已经把永恒幸福内在化了。永恒幸福这个抽象概念关注的是如何让生命远离苦难。传统的人大多认同这一点。记住，菩萨说，个人要找到自己的路。我们可以把它的话放到现代的环境中来理解。发展就是这样。我们需要借助新的范式来复兴价值观。

"毕竟我们还没达到香格里拉的境界，"他耸耸肩，直言不讳，"1971 年，我的表亲去日本，回来时带着美元。我之前从没见过美元。于是，我接受了新自由主义。

但我们无法持续下去。经济学实际上就是需求问题。我们都是为了需求而努力奋斗——对于安全、食物和爱的需求,这是自人类诞生之日起就存在的经济常量。那么,如何满足需求?幸福能超越这一点。"

达硕·梅格拉杰·古隆又耸耸肩,微笑起来。"处理这件事的时候不要想着'我知道所有答案',因为你不知道,"他侧着头说,"这就是新自由主义者的毛病。他们以为自己知道所有答案。他们确实在做研究,最终却自创出现实,因为他们相信的东西变成了他们眼中的现实。"

不丹皇家大学语言和文化研究学院的龙坦嘉措教授（Lungtaen Gyatso）是一名虔诚的僧人。他进一步论述了这一观点:

> 因为我们人很少,所以害怕文化侵蚀。全球化逐渐变成单一文化。我们想坚持做自己。我们谈及国民幸福指数的时候就是在谈我们的价值观。对于不丹人来说,保护文化非常重要。所以政府以国民幸福指数的名义努力让民众了解文化生存。

他举例说明了国民幸福指数框架如何影响国家政策。"与矿石产业相关的计划与日俱增。这个产业会创造数十亿美元,会带来物质和经济利益,但我们要问两个常识性的问题:第一,这会对环境造成什么影响——会破坏和损害环境吗?第二,这会对传统文化体系造成什么影响?如果这个产业让人们的生活条件更艰苦,或引发混乱,或给他们的家庭和生活方式带来负面影响,那么我们就会阻止这个计划。"

事后他又补充道:"自然环境是国民幸福指数的重要组成部分。全球经济遇到危机,环境恶化引起全球关注。不丹可以在环境保护方面作出表率,从而为世界作出贡献。"

统计资料没有定义幸福

不丹研究中心位于河岸边的一个长型木头小屋里,旁边有一个"宗"。宗的不远处有个火葬场。烟雾从阴燃的尸体上升腾起来,灰烬沿着水流缓缓飘荡。

策林·彭措（Tshering Phuntscho）是研究中心的一名研究员,他提出国民幸福指数的四大支柱：经济发展、环境保护、文化保护和良治善政。

不丹研究中心设计出了不丹发展指数，包含9个指标：1. 心理健康；2. 时间使用（用于工作、娱乐和宗教活动的时间）；3. 健康；4. 教育；5. 文化（多元性和复原力）；6. 管治方法；7. 社区活力；8. 生态多元性和复原力；9. 经济生活水平。

研究中心通过在不丹各地进行实地调研来验证这些指标。"不管我们做什么测试，结果总是达不到预期，"策林·彭措耸耸肩抱怨道，"在不丹有19种不同的方言。"即使是在不丹这样一个小国，不同方言群对于幸福的定义还是有差别的。

不丹研究中心要是把幸福放到一种模型里，那就可能会像西方经济模式那样采用经验测量法，可是研究中心正是想摆脱这些西方经济模式。国民幸福指数的重点在于，它把精神需求和物质需求放在同等位置，要求创建一个新的经济范式，从而摒弃传统上用于衡量经济、国家和个人成就的方法。

这个理念与拉萨僧人尼玛次仁所说的话如出一辙："我们进入了21世纪，显然光是物质并不能给人幸福。在现行的贪欲体系下，人们为了追求虚幻的品牌形象而浪费资源。结果是产生了更多力争那些资源控制权的破坏之战，这样又积攒了更多的恶业。记住，精神能战胜物质。"

策林·彭措从不丹研究中心眺望河对岸。他朝着另一边靠近宗的火葬场点点头。黑灰色的骨灰依然在闷烧。烟雾盘旋上升，悠悠隐入上方的蓝色天空。

"在我们的研究过程中，"策林·彭措叹息道，"那个火葬场提醒我们，万事无常。"

敢于拥有幸福的总理

"我从来都不支持以量化的方式来发展国民幸福指数这一概念。"不丹总理吉莫·廷礼（Jiqmi Y. Thinley）坚定地说。他盘腿坐在一张编织垫上，舒服地裹在一袭传统不丹长袍里。

"你无法量化幸福的原因，"总理说道，"生活在幸福中才是最重要的衡量因素。量化就意味着采用那些我们想换掉的经济方法。"

世界各地的机构已经开始探索衡量成功的新方法。国民幸福指数会议在各地召开。一切都是始于1986年《金融时报》上的一句简单的话。廷礼说："国民幸福指数的概念是不丹四世国王提出的。国王陛下对发展中国家的发展情况感到不满意，因为很多国家不能选择自己的路子。"

"国王看着工业化国家的那种追求不间断发展的模式，觉得物质产品不一定能带来幸福。幸福是由身体和心灵来界定的，也是由自主选择可持续发展方式的权利来定的。"

廷礼回想奢侈消费产生的社会影响。"市场伦理进来了，谁能否认生活水平会提高呢？但我们界定生活质量时，要说'你没有买够这个和那个，所以你需要多买'吗？国民幸福指数表明，或许还有与此不同的市场。"

"国民幸福指数这项政策把发展成果公平而均衡地分给社会各界。"廷礼说道。

我问他："喜马拉雅共识能提供另一种经济范式吗？"

"为什么不能？"总理立即答道，"实际上，这已经在进行了。是的，这个地区的推动力很强。我们需要一种更加清晰的世界观——它不断支持一种整体性的方法。我们需要重新定义全球化，并引入一些与我们居住的有限世界相关的新尺度。我们在生活、生产和消费时还要思考得更多些，并让责任感回归这个世界，融入全球化进程。"

穷人需要银行业，他们没有乡村俱乐部

"世上最强大的事物莫过于恰逢其时的思想。"孟加拉国驻北京大使馆把维克多·雨果的这句话印在红色横幅上，用来欢迎"穷人的银行家"穆罕默德·尤努斯（Mohammad Yunus）。

那是2006年，尤努斯正在中国首都参加一场关于小额信贷的会议。他正在发言时，传来了一个消息：他因创办小额信贷而获得了诺贝尔和平奖。孟加拉国大使馆为他举行了一个庆祝招待会。孟加拉国驻华大使阿什法库尔·拉赫曼（Ashfaqur Rahman）打电话给我，邀请我参加这次招待会。那天晚上，我们喝着香蕉酸奶，听尤努斯说起创办小额信贷的故事。

"1974年，一场可怕的饥荒在孟加拉迅速蔓延，让我渐渐无法继续在大学课堂上讲授精妙的经济学理论。我突然觉得，在惨重的饥荒和贫穷面前，那些理论是如此

空洞。我想立刻做点什么来帮助身边的人。"

尤努斯惊讶地发现，一位妇女跟放债者借了不到一美元，却要按照对方定的价格来为他生产商品。尤努斯随后列出了村里被放债者欺负的人。名单上一共有42个人，他们一共借了27美元。尤努斯颇为震惊，自掏腰包还清了欠款。他的举手之劳帮助一小群妇女把卖身契赎回。随后他提出了小额信贷的概念，并创办格莱珉银行（Grameen Bank）。尤努斯以这一经验为基础，围绕孟加拉的伊斯兰农村社会结构，逐步建立起一个面向穷人的无抵押贷款系统。在这个人均年收入只有128美元的国家，只要10到20美元就能改善大多数穷人的生活。

"要是我付出这点钱就能让那么多人感到幸福，"尤努斯说道，"为何不多做一点呢？"

从一间瓦楞板房开始重建全球金融

第二年，尤努斯邀请我去达卡参观格莱珉银行的乡村分行和借贷中心。这些机构让农村妇女组成同辈群。无抵押担保围绕伊斯兰农村社会关系网展开。群体成员为其他成员做担保，从而与银行建立社会担保。无须抵押就能拿到贷款。

尤尼斯说："贫民总会还贷。如果有人为村妇作保，让她借到一大笔钱，那么她会卖力工作来还贷。"借钱不还的话，借款者的社会声望就会岌岌可危。还款额很小，每周付款额都是大家负担得起的。此外，穷人看到富人明明拥有却不用的东西，就会尽力把握每一个机会。

格莱珉银行手续少、开支小、政策灵活。这种"农村"方式按照每个人的需求精准发放贷款。银行经理考虑到每个借款人遇到的问题，也知道一笔贷款如何影响他们的家庭和生活。传统银行业与此正好相反——手续繁杂、信用标准死板、客户关系冷淡。

尤努斯剔除了银行业的制度主义。

格莱珉农村借贷中心就是临时搭建的一个棚屋，屋顶盖着瓦楞铁皮，屋里摆着长凳。借款的妇女以五人为一组，每周聚集于此。每组选出一位带头人，负责把利息收上来交给分行经理。分行就是简易办公室，设在村子附近的镇上。

妇女借出一点钱就能开办一家小企业，经营内容涵盖渔业、禽畜养殖、槟榔采摘等。一笔小额贷款就能让一个家庭买下一小块水稻田，并开始靠务农自给自足。小额还款就在这些借贷中心进行。

这样的集会更像是农村聚会。妇女们带着孩子一起来，相互开玩笑、聊八卦，然后说说组内还贷的情况。格莱珉的借款人大多都有相似的故事和梦想。他们努力寻求栖身之所、供孩子上学，并开创自己的事业，从而改善生活。

对于成功的评判标准简单明了。

尤努斯在 2006 年获得诺贝尔和平奖之后，国际货币基金组织和世界银行也开始意识到自下而上的经济学有多强大。这些机构习惯了关注自上而下的基建项目（让自作主张的顾问和受到优待的承包商从软贷款中获利），也因此不怎么喜欢发展中国家。

但这也让尤努斯这样的名人开始关注基层经济活动。有那么多的组织和个人已经在发展中国家开展这些活动。

尤努斯指出，国际货币基金组织和世界银行这类组织往往懒得考虑交通费用、物价上涨、大米和谷物等主食的费用、教育费用等因素。它们坚持推行的政策会影响这些因素，而任何小变化都会扰乱或毁掉受助人的生活。

"我们只想着经济理论，忘记了环境、民众、文化，而且不顾一切地去赚钱，"尤努斯忧伤地说，"经济学理论本身就有问题。这些理论说利益最大化就是商业的基础，但是这样赚钱的人并不是真正的人。人类并非只为赚钱，但那些热心帮助他人的人被忽略了。经济学理论里就只剩下一心赚钱的人。经济学假设忽略了有同情心的人。"

听到这里，我意识到喜马拉雅共识的核心原则已逐步成型。本地小企业能够减少贫困，同时让人们自信自强。但是本地新兴企业想要成功或发展就要解决融资问题。小额信贷是个办法，但也只是可行融资方式中的一种。还有很多别的方法，例如社区银行、小企业种子投资和社会责任风险资金。可以根据本地需要和情况并采用多种形式来践行这些方法。方案都有，但却不能有效实施，因为现行金融架构认为那些是"旁门左道"。

全球金融机构亟待改革，要让资金流向那些方案。

不管是在达卡还是在底特律，银行、金融和风险投资方面的创新都能满足本地企业家的需要，让它们继续为社区作贡献。并不一定要依靠全球化和资本市场中的上市网络公司。

一边是评论员、华尔街、财政部、美联储和四大科技公司（Facebook、Twitter、Yahoo、YouTube），另一边是美国其余部分。双方对比明显。《经济学人》所说的"运转良好的美国"需要利用资本在社区里运作或创办实实在在的商业。美国急需实实在在的东西：基础建设融资、社区银行、用于职业教育的地方贷款。投资银行家要有眼力。

我在达卡的时候完全想不到，整整四年后我会站在华尔街给示威者做关于小额信贷的即兴演讲。在我们上方那些高耸入云的办公室里，没人想到全球金融转型进程始于孟加拉农村的瓦楞板房。

现在应该把贫困放进博物馆里封存

如果用对了地方和方法，那么一小笔钱就能彻底改变一个人的命运。如果一个家庭能做点生意，比如说开个小小的路边摊，那么格莱珉银行会租一部手机给他们。他们就可以利用这部手机提供公共电话服务，逐步建起微型呼叫中心。除了小额信贷之外，格莱珉银行还提供教育贷款和退休金。一个家庭就能因此慢慢走出贫困，并拥有可持续发展的生意。

向格莱珉银行贷款的人中约有58%摆脱了贫困。这是格莱珉银行认真追踪和估量之后看到的现象。在这个过程中，尤努斯也采用新的标准。主流的制度分析法根据人均年收入来判定人们是否达到贫困线，而格莱珉银行则探究更难懂、更实际的问题："你有栖身之地吗？有过冬的保暖衣吗？有干净的饮用水和卫生设施吗？能供孩子上学吗？"

尤努斯进一步拓展理念，帮助乞丐变成企业家。格莱珉银行的乞丐自立支援项目"不要求成员放弃乞讨，但是鼓励他们做增加收入的事情，例如，在乞讨处或上门推销流行消费品"。这样，乞丐就会放弃乞讨，转而做起自给自足的买卖。尤努斯的方法打破了所有规则。乞丐自立支援项目首条规则是："格莱珉银行的现行规定不适用于乞丐成员。他们自己制定规则。"

"经济学教科书不认可穷人,所以并没有面向他们的援助机构和政策。因此,穷人出去自己找事干。"尤努斯表明,自己的任务就是把贫困放进博物馆里封存。

若没有价值观念,发展就是一无是处。

2007年,科伦坡。在一间佛教寺庙的入口处,一只猴子从树下跳下来,在供品里找水果吃。有个小男孩走上前去,猴子立马跑开。

"为什么那只动物怕我?"男孩询问站在一旁的僧人。

"因为你跟他不一样,"僧人微笑着答道,"你没发现吗?所有事物都有这个问题!"

阿图拉里耶·拉塔纳(Athuraliye Rathana)并不是普通的僧人。他所创立的国家传统党(Jathika Hela Urumaya)是斯里兰卡最具影响力的反对党,声称全国5%的人都是该党成员。

"我们如何消除贫困?贫困的起因是什么?"阿图拉里耶·拉塔纳在反问的同时倒上一杯热气腾腾的锡兰红茶,"全球化很重要,但我们需要平衡。我们要共同保护环境、挫败多边组织的唯物独裁。"

"现代社会需要用一套新的美学、价值观和道德标准来取代旧的,"阿图拉里耶·拉塔纳说道,"西方人不满足于物质利益,所以他们跑来亚洲谋求精神利益。现在是物质帝国主义时代。冥想不足、学术实践不足、仪式不足。我们希望政治力量能借助精神力量来创造新世界。"

"一年前,我去了中国,"阿图拉里耶·拉塔纳说,"我参观了那里的市场,也见到一些人。中国有些了不起的巨型城市,甚至比纽约还要大。但我觉得,很多人的幸福感并不高。改革更多地带来了物质利益。中国的国际势力来自资本和投资,并非源自文化权威。如果中国人试着接受佛教的生活方式,那么他们会成为真正的强者。"

斯里兰卡的方法与中国的不同,它并不强调城市化,而是想利用可持续发展的经济体系使农村实现自强。斯里兰卡也拒绝了世界银行的方案,想要找到适合自己的中间道路。

"世界银行说我们的老房子未尽其用,还说民众应该搬到城区,并把土地交给跨国企业。然后跨国企业就接管农村并重新开发土地。他们声称这是经济效率问题,"斯里兰卡总统马欣达·拉贾帕克萨(Mahinda Rajapaksa)几个月前在北京对我说道,

"那样做的结果是,我们随后就有了贫民区和很多社会问题,比如不断上升的犯罪率和毒品问题。"

拉贾帕克萨总统说,斯里兰卡关注的不是狂热的基建发展,而是在农村建起好的学校和医院。以前,孩子们连早餐都吃不上。如今斯里兰卡政府免费为农村孩子提供饭菜。这些措施旨在满足核心的、切实的需求,同时让人民扎根故土。这样又能促进本地发展和社区建设。

在农村进行基础设施建设时,拉贾帕克萨寻求本地的发展方案,巩固农村的服装及纺织品产业。然而,他拒绝像中国那样合并乡镇。斯里兰卡要让农村自然发展。

拉贾帕克萨质疑世界银行给出的模式,甚至可以说是公然反对那种模式,因为他支持那些振兴农村的微型计划,让农村成为人们的经济来源与精神慰藉。

拉贾帕克萨认为,保持农村社会结构的完整性十分重要,因此价值观能从传统生发出来。传统留存的地方就是人们可以随时回去的地方,会让人有家的感觉。

"我们要满足人们的实际需要,这与某些理论家的想法不同。"拉贾帕克萨说道。

斯里兰卡拒绝了那些有附加条件的基建援助,而是根据人民的需求来投资基础设施。拉贾帕克萨说:"政府在农村地区进行的基建项目触及那些从未有过基础设施的村落。就村一级而言,人们需要更好的道路。然后他们就会开始搬回农村,而不是涌入城市。如何过生活是人们自主决定的事情。这不应该由政客、世界银行和国际货币基金组织来决定。"

拉贾帕克萨微笑着说:"就是说,有不同的国际方案。人们要保持自己的价值观。若没有价值观,那么发展就一无是处。"

有位僧人告诉我……

我仍然与阿图拉里耶·拉塔纳一起待在寺庙里,回顾这一路见闻。我穿行于南亚的喜马拉雅地区,逐渐弄清了另一种方法。在明确这一概念的过程中,在南亚与各类领袖(国家元首、社会企业家、NGO 工作者等)的交流至关重要,从而使一系列另类方法得以融合为一种新颖的经济范式。此外,这些另类方法可能会变成新的主流。

不丹提出的国民幸福指数是衡量成功的新方式——重视幸福质量而非消费数量;孟加拉首创的小额信贷是另一种银行业务和融资方式,不仅为富人服务,也让穷人(甚至是乞丐)获利;斯里兰卡采用切实可行的办法,让乡村社区不必进行城市化也能够发展,而且在实现现代化的同时也不丢掉与经济发展同样重要的传统价值观;尼泊尔证实了周期性贫困会引发革命和暴力;巴基斯坦强调,经济状况和身份特性的极端边缘化会滋生恐怖主义。

喜马拉雅共识最初融合了社会企业、国民幸福指数和小额信贷所蕴含的理念。由此产生了三项原则:1. 保护种族多样性和身份特性;2. 借助本地企业,要发展社区金融(也就是说,我们的金融体系要转去支持实实在在的企业);3. 鼓励企业成为社区发展的利益相关者,并将环境保护放在首位。

这个早期框架倡导一种新的经济范式。未来几年,这个框架会发展起来,而这一套原则也会因非洲共识的成型而进一步发展,还会与俄罗斯、欧洲和美国各自的进步运功融合起来。

阿图拉里耶·拉塔纳能预见此景。他希望能整合众多内容各异、尚不协调的基层计划,从而掀起一场全球运动。

"有些僧人退隐山林。"阿图拉里耶·拉塔纳说这是瑜伽修行者的传统。这一做法象征着抛弃世俗的物质幻想、走向内在平和。

传统僧人会定期回到山林中进行长时间的冥想。可是,阿图拉里耶·拉塔纳不是普通的僧人,而是一位政治领袖。"冥想有利于精神修养。若没有常识就会徒劳无功。若没有常识,我们就不能影响社会。为什么就只是退隐山林呢?"他在香气袅袅的寺庙里反问道。然后他又开口,像是下达一项命令。

"仇恨和贪欲是我们共同的敌人。我们必须借助民众的力量来击败它们。要把所有人组织起来,不仅要组织穷人,也要组织富人。富人也在受难,他们拥有奢侈品和豪宅,但他们精神贫穷。如果你能做那些,那我就能回到山林里去。"

09

非洲共识
社区自强以防止暴力

Fusion Economics
How Pragmatism Is Changing the World

中国和非洲

20 11年，达喀尔。海洋的气息与浓郁的塞内加尔熏香之气混在一起。鼓声不绝于耳，令人陶醉，同时街上各式衣服翻飞，恍若彩色的万花筒。

中国驻塞内加尔大使的家里做了精致的中餐。中国服务员戴着硬挺的白手套，把新鲜水果和东方的香甜蛋糕摆在桌上，使馆的一位礼宾人员突然进来。他担忧地皱着眉头。"埃及总统穆罕默德·胡斯尼·埃尔萨耶德·穆巴拉克（Mohammad Hosni El Sayed Mubarak）要对群众发言。"他对大使耳语道。

中国大使立刻站起来。他文雅地做了个手势，示意我跟他一起去隔壁的会客室。龚大使是一位瘦削却又活跃的绅士，被派驻非洲近二十年，任职过的国家超过六个，对非洲大陆极为熟悉。跟美国不同，中国始终密切关注着非洲各个角落的发展情况。

大使邀请我来参加晚宴，完全了解我曾在中国经济转型期间担任中国政府顾问的情况，也知道我在其他亚洲国家的重要改革时期担任过那些国家的顾问。我们整晚都在谈论中国的发展经验与非洲的关联性。他觉得有些方面是可以借鉴的，但不能全盘接收。他认为，非洲的发展模式应该自成一体，就像中国也是自成一派。二者的文化、地理和人口因素非常不同。

我们也谈到激进分子因世界社会论坛（the World Social Forum）而涌上达喀尔的街头，他特别想知道，为什么前一天我要站在卡车上跟十万多名群众说"非洲共识"的重要性。其实，他想知道我在塞内加尔到底做了什么。

来到会客厅，我们在精致的沙发上坐下。一台平板电视独占了一面墙。我们在电视上看到狂热的人群占领了开罗的塔利尔广场。穆巴拉克准备讲话。期待之感从电视屏幕传到会客厅里。

实用不合作主义的艺术

罗卡娅（Rokhaya）是个35岁左右的非洲女人，来到达喀尔机场接我，向我挥手致意，并且热情而有力地拥抱我。我来到塞内加尔为在此举办的2011年世界社会论坛做准备。她穿一身亮橘色衣服，还扎着同色的大头巾，大笑着介绍自己："我是你在塞内加尔工作时的助理。"我觉得她已经把所有事全包了。她的笑声让我感觉她的言行透着一股坚定，她一定是个行动主义者。

2011年之后，我们开始了反抗的十年。世界上出现了很多分散却相似的独立运动，旨在创建一项新的全球共识。在撒哈拉以南的非洲地区，抗议活动始于塞内加尔。

罗卡娅把我介绍给马马杜巴（Mamadouba）。"你在塞内加尔的这段时间里，他会给你出主意。可能你对于西非有很多不了解的地方。他会指导你的。"然后她又介绍了米尼安·迪乌夫（Miniane Diouf）和查尔斯·欧文斯（Charles Owens）。他们都是教授，供职于十分开明的切克·安塔·迪奥普大学（Cheik Anta Dioup University），也领导着在非洲举办的世界社会论坛。

世界社会论坛是世界经济论坛的对立面。世界经济论坛是政客和商界领袖的俱乐部，每年组织他们到瑞士的达沃斯开会。

无论潮流如何，似乎商界和媒体的全盘计划和基调都在达沃斯定下了。这一高端会议向所有人说明未来一年里哪些言论和行为是政治正确的。

世界经济论坛规格高、花费多、精英化。毋庸置疑，这是顶尖的百分之一人群的集会。

相反，世界社会论坛是基层的、大众的、开放的，并且欢迎所有人。这是剩下的 99% 的人的抗议集会。

2001 年，世界社会论坛的首次会议在巴西的阿雷格里港（Porte Alegre）举行。世界社会论坛的很多内容是源自"反全球化运动"。1998 年，世界贸易组织部长级会议在西雅图召开，会议期间爆发的骚乱揭开了反全球化运动的序幕。

有人批评世界社会论坛是杂乱无章的文化马戏团。这乱象多少有点故意为之的意味。世界社会论坛追求的是平级结构而不是精英主义，可能多少带点无政府主义。它有意避免提供指定答案，而是支持言论自由和交流自由。

作为 2011 年世界社会论坛的主办国，塞内加尔想要展现改革蓝图，想要提出积极主动的理念，而不只是进行批评和攻击。

非洲有各种难题，他们正在努力摆脱贫穷、腐败和内乱。在援助项目无用、政府功能紊乱的背景下，真正的变革源于街头并由民间团体引领。在整个非洲，NGO 和"人民的社会行动"团体或组织正巧妙地处理着社会问题。很多人另外做点小投资以赚取项目经费。

在非洲达成的共识：多边援助和西方捐助项目没有用，还经常被政府贪掉。西方援助管理者的官僚作风让人感到灰心，也让街头抗议者愤怒不已。

罗卡娅是一位社会工作者，负责照顾遭受战争创伤的儿童。她的丈夫是一位艾滋病宣传员。我经常登门拜访他们。他们住在达喀尔老城区的一间公寓里，面积不大却很舒适。门口有个狭窄的旋转楼梯，通向凉爽的土砖走廊，而楼下就是喧嚣的街道。罗卡娅谈了谈他们的感想。"每天打开门走上街头，所看之处都是贫困。除了积极行动别无他法。"

很多人认为创建企业以资助社会项目往往比申请援助更加有效。企业能够提供源源不断的资金流，但援助却不能。民间团体发现赚钱比申请资金简单。

抗议活动和不合作主义可以直接把问题捅到媒体上，还能甩到大众和政客脸上。但只是抗议还不够。高喊"打倒世界银行"或"终结企业贪欲"会成为电视上的焦点。但在现实中，多边机构和企业贪欲并不会在短时间内消失。

所以，在抗议的同时还要不动声色地进行有力游说。目的是要在世界银行这类组织的内部引发争论，从而促成政策变动或建立另外的多边机构来改变现状。新的多边机构要由做得更好的"南半球"参与者来领导。

同样，跨国公司的董事会要同意采用节能措施减少碳排放，还要进行企业社区投资，而不只是大谈"企业社会责任"。所谓的企业社会责任多半就是专门给不同的慈善机构捐点钱。这一方法也适用于政府。

最终，这三个利益相关者——民间团体、企业和政府，要达成共识。先要沟通清楚，找到切实可行的道路和办法。然后改革就会发生。

这就是实用不合作主义的艺术。

当说唱带上政治色彩

"我们不想苦难出现。我们只想多吃一点……"这是塞内加尔最著名的说唱歌手迪迪埃·阿瓦迪（Didier Awadi）的唱词。

如今他领导着非洲共识。

我与阿瓦迪初次见面是在博普中心（Center Bopp）。那是位于达喀尔老城贫民区的一个社区中心。那个社区以制鼓闻名。马路边总是摆着一排排的鼓——各种规格都有，雕工繁复，用木头和皮革制成，用绳子绑紧。击鼓声经常响彻整条街。

博普中心是一座普通的三层水泥房，附带的大空地上都是打篮球的孩子。这个空地就只有土，既没有水光闪闪的草坪，也没有漂亮的沥青。但孩子们并不是胡乱把球扔进圈里。他们欢笑着，拿出比赛训练时的竞争精神来打篮球。每天下午五点，楼上会有空手道课程。

这就是非洲的新精神。

博普中心很嘈杂，充斥着法国和非洲青年敲击笔记本电脑的声音。已经有人聚集在露天走廊上讨论出路。手机响个不停。人们涌进来登记注册。楼梯间挤满积极行动者、NGO代表和雷鬼歌手。人人都想参与论坛内的计划，都想参加静坐、宣讲会或演唱会。

阿瓦迪走进屋里。

非洲共识：社区自强以防止暴力

他体格高大，蓄着骇人的长发绺，是西非说唱界最大的腕儿。他的音乐高度政治化。他经常采用非常手段，用合成器将带沙沙声的泛非领导人讲话录音与电子说唱乐结合起来。他最新的专辑名称为《非洲的总统们》(Presidents of Africa)。

艺术家们聚集到他的录音室的屋顶花园里。他的录音室位于达喀尔老城区一条尘土飞扬的路上。这里一天到晚都挤满人，都在合成非洲乐器和电子乐器的声音。他的网络媒体团队将他的志向和想法传遍非洲大陆。非洲共识没有网站，只有Facebook主页。录音室里充满创意。所有走廊的墙上都挂着非洲领导人的海报。

非洲仍将原材料出口到曾殖民非洲的西方强国，然后继续把成品买回来。这让阿瓦迪十分痛心。"这还是殖民主义，"他说，"不利于发展。"

阿瓦迪认同克瓦米·恩克鲁玛（Kwame Nkrumah）这些领导人的构想和抱负。恩克鲁玛是加纳的国父，率先倡导泛非主义运动。非洲需要经济发展。国家间的壁垒要拆除。他想看到一个统一的非洲。具体而言，就是要仿效北美自由贸易区，在非洲大陆建立货币区、自贸区和有附加值的制造业。

他认为非洲共识是推进这些目标的一种手段。

泛非主义像个环一样把我在非洲大陆遇到的所有人串联起来，不分国籍、种族和语族。这一非凡的身份认同超越了那些差异，把每个人都与非洲大陆以及非洲人身份连接起来。这种十分特殊却难以名状的统一性并未在我所生活和工作过的其他地方出现过。这一强劲推动力从撒哈拉传到南非，横扫一大片区域，同时也带着反殖民、反西方体制、反外来干涉的情感。

阿瓦迪录音室墙上挂着的非洲一众领袖画像突出展现了这一点。每位领袖都提出了一种统一非洲的形式。看来每个人都意识到，非洲的自然资源和人力资源是一股强大的力量。但那股力量还处于静止状态。倡导泛非主义的关键领导人都遭到排挤、打压或暗杀。历史上，每位领导人的逝世不管怎样都与资源以及西方对他们的经济剥削有关。

虽然殖民结束了，但是老牌殖民大国仍在原先的非洲殖民地保有强大的商业利益和战略利益，容不下那些坚决抵抗的领导人。此外，多数非洲人认为，西方大国绝不想看到一个统一的或经济一体化的非洲。当然，实现经济一体化、取消各国的贸易壁垒及其他屏障会提升非洲大陆经济效益、减少贫困。所有这些好像让某些西方领导人及机构感受到了威胁。很多非洲人觉得西方领导人只是嘴上说说要终结非洲的贫困现象，实际上另有打算。西方的经济利益当然不会因非洲的落后而有所损失。

阿瓦迪最欣赏的非洲总统是托马斯·山卡拉（Thomas Sankara）。自1983年到1987年遭遇暗杀，山卡拉一直是布基纳法索（原为上沃尔塔）的领导人。阿瓦迪把山卡拉看作一位反抗法国新殖民利益的烈士。阿瓦迪把自己的录音室命名为"山卡拉录音室"，借此向他最热爱的非洲革命领袖致敬。这位领导人出了名地厌恶奢侈和腐败。山卡拉思想超前还体现在他积极促进健康权利和女性权利。

阿瓦迪写了关于山卡拉的歌，还去布基纳法索拜访这位已故总统的家。总统的家人把山卡拉穿过的一件T恤送给阿瓦迪。有天晚上，我坐在阿瓦迪的客厅里，问他为什么不把那件T恤框起来挂在家里或是录音室里。"因为有时我喜欢穿那件衣服，"他低声答道，"它给了我力量。"

多边援助不管用，而商业则更具持续性

非洲共识决议起草委员会起初是由塞内加尔的NGO领导人组成。不久之后，从非洲各地前来参加世界社会论坛的人也加入进来。我们会面的地方是塞内加尔的一个智库，名为社会和经济研究中心，位于一栋老旧的法式庭院内，外面堆满摩托车。大家聚集到会议室里，里面有一张长长的圆形木桌。达喀尔市内数百个宣礼塔传出的宣礼声平息下来。米尼安召集大家开会，并主持起草事宜。阿瓦迪出席了第一次会议。只见他身着宽松军装，头戴切·格瓦拉式贝雷帽，上面还有一颗红星。

写好的文件里明确了一个框架，也就是非洲共识。开头是这样的："非洲共识不参照任何模型或经济理论，而是来源于整个非洲大陆的集体经验，因为本地知识中有应对发展难题的实用方法。"

非洲共识的若干核心原则类似喜马拉雅共识：保存种族特性和本地特性。借助商业而非援助来实现，因为援助是一次性的而商业能自行持续发展。商业应回馈社区和保护环境、

一个月后，联合国经济和社会理事会在大会堂开会。会上，"休克疗法"创始人杰弗瑞·萨克斯满腔热情地说，十年内要让非洲小孩能够上网。

在场的一位非洲NGO领导人大胆发言。"我们的孩子不需要在2020年前上得了

网，"他说道，"我们不需要教孩子们电脑技术。"

多数美国人会惊异于这样的言论，会认为这样很短视或纯粹就是"脱节"。但其实我们才是脱节的人。

"我们需要基础灌溉技术，"那位 NGO 领导人解释道，"你能给我们的年轻人传授基础灌溉技术吗？那才是我们需要的。我们也需要基础农业技术。我们想要自己种粮食。这些要求过分吗？我们并不需要孩子们去玩电脑。反正他们也买不起电脑。请不要总想着让我们的孩子上网。大多数地方并没有 Wi-Fi。我们也没有互联网。其实我们用不上电。哦，对了，大多时候还没有水。现在你明白了吧？这就是为什么我想先教孩子们基础灌溉技术。之后，我们再谈互联网。"

水是一项不可剥夺的人权，也是我们最大的安全威胁

在达喀尔的起草会议上，有一位高个的妇女优雅地披着非洲长袍，头发用宽宽的大头巾扎紧，显得高贵又骄傲。她是一位活动家,所在的组织名为"拉多(Rhaddo)"。这个组织打击贩卖人口和虐待妇女儿童的行为。他们的领袖阿利翁·梯纳（Alioune Tine）是一个和平使者，曾是多场冲突中的重要调停者，解决了在达尔富尔和象牙海岸等地出现的纷争。她问我是否想见见他。

梯纳面露喜色，一进屋就抱住我。梯纳已经了解了起草会议的详情。"我今天有很多会议，很抱歉今天下午不能去那里，"然后他指着门，"很多人进这个门来叫我去调解纠纷。我把达尔富尔冲突双方请到这里来,就在这间屋子里，"然后他轻笑起来，摇了摇头，"我支持非洲共识。我们需要一种新的共识。"

非洲共识逐渐成为 2011 年世界社会论坛的主要议题。它触及大家的共同感受，将活动者团体和 NGO 组织结成的广阔网络联接到一个共同平台。接下来的日子里举办了一系列新闻发布会和集会，拉开了非洲共识运动的序幕。

某次激奋人心的集会结束后，梯纳柔声说出自己的担忧。"在世界社会论坛上启动非洲共识是一回事。但接下来呢？我们要推进这个理念，使之融入非洲联盟体系，"他说道，"目前为止，这只是塞内加尔的倡议。它要覆盖更广，要能代表整个非洲大陆的 NGO 组织。我们应该把这份草案决议带到冈比亚的非洲人权和人民权利委员会，带到整个非洲的维权人士参加的大会上。今年 4 月，全非洲 54 个国家的 NGO 领袖

都会在那里。如果他们采用这份草案决议，那么这就会成为《非洲共识宣言》。"

梯纳想了一会儿。不远处的西非海岸上海浪声此起彼伏。"非洲共识是我们的重要一步，"他补充说道，"它不仅是一种经济发展范式，可能还是创建和平的框架。"

梯纳认为暴力的根源在于贫困。非洲种群间的冲突不一定与文化差异或宗教有关，而是资源控制权的问题，不管这资源是用来赚钱的钻石还是用来活命的水源。问题都是一样的，解决办法也相同：让人们实现经济自强。

"暴力行为会越来越多，"他提醒道，"由于气候变化，撒哈拉沙漠逐渐侵犯了沙漠以南的非洲人。"他倾听着海浪的声音。

"记住，对于非洲人来说，水是一项基本人权。"

将传统智慧与现代教育及医疗卫生相结合

我和马马杜巴开车出了达喀尔，穿过拥挤的城镇和贫穷的农村，从铺面路开到泥土路。最后，没有路了。我们的吉普车悠然地穿过低矮的灌木丛。我们正开往毛里塔尼亚边境线上的沙漠。我们在寻找游牧民。

他们则去找水。

马马杜巴眯着眼看向地平线。"我觉得他们肯定在那边。我们走的这条路我上次来过。"

对我来说到处都长一样。矮树丛。沙子。

我们寻找的牧民家庭是马马杜巴的亲戚。马马杜巴来自这片沙漠，出生在一间遮挡阳光和风沙的小茅屋里。造访他办公室的人绝对想不到他的背景如此简单，毕竟他在达喀尔的办公室位于国会大厦的顶楼，而他是塞内加尔政府三把手的政治和政策顾问。

马马杜巴是一位政治领袖，是圣路易大区的副区长，也是波多尔分区的领导人。波多尔是荒漠中的一个游牧区。马马杜巴大部分时间生活在达喀尔，在那里为该游牧区进行游说，但他每周末都会回到波多尔。"我就在那样的小屋里出生。"他说道，并指着一间用灌木树枝搭成的棚子。棚子低矮，人要弯腰爬进去。他的亲戚们从小屋里出来欢迎我们。

"是教育让我从这里走到了国会，"他说道，"我的起点是在一个简易的乡村学校。那里只有一个帐篷。我努力学习所有能接触到的东西。于是我能去上大学。我的人生因此改变了。现在我想把这份变化带回来给我的乡亲们。所以，我一心一意地在这片沙漠地带建学校。"

我们去参观了一所这样的学校，学生们正好放学。孩子们跑过来跟马马杜巴讲话、开玩笑。教室里没什么东西。简单的长凳和课桌，以及一块黑板——就是这样了。老师们把他拉到一边去讨论他们的课程安排。

"要是我能让一个孩子从这里毕业后去上大学，"他说道，"那我已经带来很大变化了。"

我们随后参观了他在附近建的两间诊所。其中一间是专门为妇女开的。第三间诊所正在建设当中。他解释了一下如何在传统医学中加入现代医学。在农村或是游牧区，传统医师，即马拉包（被西方人讥讽为巫师），依然深受民众信赖。与其打压他们的势力，何不有效利用一番？引进现代医学。培训他们，并尊重他们的传统。让马拉包将现代医药配方的疗效与他们的精神和心理疗法相结合。

杰弗瑞·萨克斯的地球研究所监管整个非洲的千禧村落计划。在空旷的哥伦比亚大学图书馆里，地球研究所人员说明他们如何将西方诊所引进他们的村落项目，但这些计划完全与传统的整体治疗师分离。这两种做法如此不同。非得这样不可吗？

1988年，我产生了将传统思路与现代医学相结合的念头。当时我正在泰国和缅甸边境线上的山地部落徒步旅行。我在背包里放着在中国耍过的那些简单魔术道具，并给村民们表演魔术。然后他们开始把患病儿童带来让我治疗。我不知道怎么办，只好把背包里的所有药都拿出来。这样做不对，但也没什么别的选择。有位村领导来找我，说人们坚信我是一个巫师，拥有医治孩子的解药。然后他问我是否也能让子弹偏转。我斩钉截铁地说道："不能！"

这件事说明人们很久以前将巫术和医术混为一谈。但我们在自身的发展过程中把两者区分开来。我们运用科学就开始忽视整体疗法，最终甚至忘了我们自身的心理力量，也忘了思维过程在平衡疗法中的作用。

罗卡娅想到，自己在给刚果冲突幸存小孩做创伤后辅导时运用了传统智慧。很多人原来是游击战士，实际上就是持枪的青少年帮派。他们随意地相互射击，往往没什么原因。射杀行为毫无逻辑可言。幸免于难的孩子本身就要为这场儿童大屠杀负责。"美国国际开发署的辅导都没有用,"罗卡娅说道,"我们要回归非洲传统去找点方法来试试。"

她给了我看一个简单的皮制盒子。皮革上雕刻着部落图腾。我打开盒子。里面什么都没有。"这是什么意思?"我问道。

"这是我们所说的记忆盒,"她解释道,"所有非洲人都有。你看,生活中有很多事情是我们无法处理的。也许是无法解决的问题,又或者是无法忘却的创伤。所以要像这样把问题赶出脑海。"她把手放在头顶,好像抓住里面的什么东西,然后猛拽出来。她抓住了什么看不见的东西,然后放进空空的皮盒子里,接着立马合上。

"意思就是把问题放进这里。没准备好就不要想。不要担心。它不会逃跑也不会离开。但你终于准备好要处理的时候就打开盒子,可能问题已经没有了,或者形势变了。这是我们处理这些事情的传统做法。这不能解决所有问题,但确实能帮助孩子们应对战后创伤。"

然后她把那个盒子送给我。此后我一直把它放在书桌上。盒子里挺满的。

一口枯井的教导

马马杜巴的吉普车在另一个村子停下。在村子中央的大草棚里,妇女们正用天然纤维编织地毯。他们穿着五颜六色的长袍,一边咯咯笑或大笑,一边织地毯。"这些是我们的传统地毯。在农村,我们把它们铺在沙漠草屋或棚子的地面上。在城镇,我们把它们铺在水泥新房的地板上。这些地毯用天然材料编制,坐上去很凉爽,而且也很方便。需要清理的时候只要抖一抖或刷一刷就行了。很容易。我们一家人围坐着吃饭或休息的时候就用这些地毯。"

然后马马杜巴摇摇头。"但现在,传统的地毯编织技术正在消失。外国商人带来了塑料毯子。实际上,塑料制品充斥着我们的市场。因为那些东西更便宜,所以现在大家都买。妇女们丢掉了她们的编织技术。更严重的是,她们的收入来源快没了。她们不再编东西的话,社区感也会削弱。白天她们带着孩子们聚在一起,一起谈笑,一起编织。这是一种生活方式。我想在波多尔把这种生活找回来。"

罗卡娅说马马杜巴把塞内加尔的一种常见的农村活动系统化,让妇女们组团生产传统工艺品。卖产品赚的钱用于资助村里的社会项目,如儿童疫苗和书本购置等。

妇女们轮流负责组织各个项目。马马杜巴只是妥善安排这些基层劳动,使地毯编织成为社会企业。

马马杜巴的项目正好让我想起了香巴拉酒店在西藏做的事情。

我们开着他的吉普车深入沙漠,到达了另一个牧民村。在这里,黄色的泥砖摞在一起。又一间诊所快要成型。马马杜巴与人们讨论施工情况并测量墙和门的宽度,然后下达指示。他身后紧跟着村领导。他们身穿绛蓝、明黄和白色长袍,专心听他讲下一步该怎么施工。这就是马马杜巴每周末做的事。这就是为什么波多尔已有发展。

然后我们一起穿过沙堆,来到大草棚下,坐在妇女们编制好的地毯上,身后一直跟着身穿飘逸长袍的村领导。坐下之前,我脱下厚重的靴子,然后意识到,除了马马杜巴之外,就只有我穿着鞋子。

村长们带着问题来见马马杜巴。"年轻一辈的村领导要更加尊重长辈才行。另一个村就有个年轻人让我觉得不舒服。你应该把他宰了。"一个人尖刻地说道。另一个人抱怨有人偷他的羊。马马杜巴十分巧妙地应付着这些事情,缓和着紧张气氛,把怒火转化为笑声。但有一个问题是他不能一笑置之的。这是所有人的燃眉之急:缺水。

一位年长的村长说得十分清楚。"你要怎么解决我老婆的问题。她不如以前漂亮了。她的双手变得粗糙了。为什么呢?每天她要比以前多走一倍的路去打水。然后她要背水。从我曾祖父那一代开始就一直用的老村井现在都干了。"

传统路子提供新方法

马马杜巴在波多尔地区实现的事与我在西藏的很多经历相似。而在纳米比亚,这种方法过了试验期,变成了全国性的做法。

1989年之前,纳米比亚实行种族隔离,受南非白人控制。有6500家平均规模为5000公顷的私人农场。政府启动了一个项目,收购了白人农场主的土地,然后再把地分给本地的贫困社区。

纳米比亚资源丰富。但由于种族隔离制度,这些资源是由国家控制的。村民们没有受益。他们饱受战争摧残,觉得保护动物没什么用。于是偷猎盛行,纳米比亚的动物数量锐减。

种族隔离制度取消后，新政府提出一项全面的计划来发展可持续的生态旅游，得到了世界野生动物基金会的支持。计划内容为：把部落领地还给村落，并让村子成为当地自然保护机构的管理者。传统的村民原来是猎人，所以他们能追踪动物的活动方式，并且带游客去观看。他们经营生态旅游客栈并提供全方位游猎活动。这样赚到的钱比偷猎者给的贿赂要多。

这里面的三个利益相关者——NGO、政府和社区，要一起努力实现积极转变。

"一开始，本地人并不清楚环境保护机构对他们有什么好处，"环境保护机构负责人（村长）说道，"而他们一旦看到切实成效，就明白了环境保护的重要性和积极影响。"

环境保护机构是当作生态旅游企业来运作的，可以提供游猎客栈服务。成为机构成员的村民还把这里当作社区中心。这些中心提供教育和医疗服务，同时还处理HIV和水资源管理等事宜。

整个模式都是以传统村落结构为基础。本地人原来是土地和环境的管理者。他们按照自己的规则来进行狩猎，知道保守狩猎能让物种自行补充，让下一代可以继续狩猎。

环保主义者提出商业解决方案，影响力很大，改变了政府政策。新的法规让社区有权管理野生生物。也就是说这个问题归社区管。他们把野生生物视为一项资产，而不是危害生活的东西。环境保护运动让本地人自主管理他们的资源。

迄今为止，已建成的59个环境保护区覆盖了纳米比亚16.8%的国土。实际上，每8个纳米比亚人中就有1人生活在保护区内。此外，超过30个新的保护区正在建设当中，不久后就会全面落成。

所有赚到的钱都会回归本地社区，而不是上交国家。社区有点像一个村落，又有点像一个企业。村民实际上就是企业的利益相关者。政府对游猎猎获物（持证合法狩猎）征收15%的税，对游猎客栈征收35%的公司税。

蒙古国和尼泊尔如今正学习纳米比亚的环境保护模式。这些根本原则可以应用到世界各地，从而让人们自强并获益。

以非洲共识为一种非暴力运动框架

2011年4月，我跟阿瓦迪和梯纳在冈比亚首都班珠尔会合。班珠尔是非洲人权和人民权利委员会总部所在地。整个非洲大陆的NGO组织聚到这里开会。我们按照梯纳的建议，把非洲共识决议带到NGO论坛，把它变成全非洲的宣言。

全非洲54个国家的200多个NGO组织出席了会议。各种NGO组织代表了多种利益诉求，从反虐待到争取性别平等、民主以及拥有干净水源和食物的权利。这次盛会聚集了那些将事业与生命奉献给人权事业的领导人。

我们开始重新起草非洲共识决议，把很多其他人的想法加进来。阿瓦迪建议浓缩成两页，最好是一页。我们加入新的语言风格，强调传统智慧在医学和经济上的作用：

> 当下，衡量成功只看工业增长和消费水平。我们忽略了注重环境平衡和生活质量的传统智慧体系……但是发展经济学家和多边机构基本上无视传统知识，支持那些经常与非洲大陆实际情况脱节的外来经济模式。《非洲共识宣言》根据这些价值观来创建符合非洲实际情况的经济发展方式。

他摇了摇头。"太啰唆了。不用说唱方式，就没人听得懂。"

阿瓦迪和梯纳坚信非洲共识会变成推进和平进程的行动框架。我们忙着写这份文件的时候，象牙海岸和利比亚突发危机。于是梯纳在文件里草拟了一个框架，包含三个要点，阐明非洲暴力上升的情况：

> 种族暴力通常因争夺稀缺资源而产生。族群疏远所产生的问题应从源头来解决。经济自强才是问题的根本。

在喜马拉雅、非洲和地球上的很多地区，种族暴力因争夺资源控制权而产生。大多数情况下，这个问题归根到底还是经济问题。同样，恐怖主义的产生是由于人们的经济权利被剥夺、身份被边缘化。总之，他们被逼到边缘或被逼下悬崖。

2011年4月27日，在冈比亚班珠尔召开的非洲人权和人民权利委员会NGO论坛采纳了《非洲共识宣言》。《非洲共识宣言》阐明了三项基本人权：保有种族身份的权利、保持文化可持续发展的权利、获取水资源的权利，表明经济自强是防止暴力和恐怖主义的一种有效行动框架。

迪迪埃·阿瓦迪再次发言，把在场所有人的愿望总结起来（幸好最终能用一句话说唱出来）："非洲没有贫穷。非洲是被整穷的。"

第四部分
新的地球共识
社区意识和地球存续

> 无政府主义其实指的是人们在国家机构范围外一起努力满足民众的需求……媒体宣称无政府状态意味着暴力和混乱。其实无政府状态只是说成年人负起责任和义务。无论如何，我认为大多数人比那些害怕我们获得自由的独裁者更能明辨"是非"。
>
> 　　　　　　　　　某位欧洲博主

Fusion Economics: How Pragmatism is Changing the World

我们需要新建一种基于环境经济学的金融架构,以实现基础设施转变,让可再生能源代替化石燃料成为下一波全球经济发展的推动力。要是我们想继续生活在地球上,那么地球面临的最大挑战就是这个。全球青年要带领我们前行。

三十年的新自由市场原教旨主义让社区建起商场,让垃圾食品无处不在,让价格具有竞争力,同时将美国开拓性的社区精神封存在博物馆里。欧洲效仿这一模式。

变革既不是选举选出来的,也不是长篇大论论出来的,而是通过振兴社区和归还民众所有物实现的:让他们能够通过创建自己的企业来实现自强。这并不是政党进行电视辩论时会谈到的问题。这是借助社区来"重新开拓"美国的重要议题。对欧洲来说,紧缩政策不是办法。办法是重视多元本地化,再次让社区变得自强,并借助高效能源和可再生能源方面的投资来实现卓越新发展。

社区复兴、归根溯源和重拾种族特性都是至关重要的部分。新的成功衡量标准也很重要。这些打破了消耗地球资源、拉大社会与收入差距的奢侈消费谜题。

更多的人开始意识到我们对待地球的方式并不是可持续的。这意味着金融架构需要改革。我们不要只想着资本市场,而是要回归基础,去支持小型社区企业。这就是从铁板一块的全球化转向多元的本地化。

如今,气候变化是地球面临的最大安全威胁。

想让地球存续就要减缓气候变化。只能切实降低二氧化碳排放量,不要进行碳交易而把其他空间也污染了——这就是活动者所说的"漂绿(green wash)"。这就需要投入大量基础设施资金来进行电网改造,把化石燃料换成可再生能源。

这不是理论问题,而是地球存续问题。

10

占领你的头脑
和平革命来到美国
Fusion Economics
How Pragmatism Is Changing the World

对贪欲说"不"

2011年,纽约。首次有那么多抗议者走上街头。但光是抗议还不够,还要找到一种合理的经济范式和计划才能走出眼下的乱局。此外,与我在其他国家看到过的所有抗议不同,此次抗议活动发生在我自己的国家。我有责任参与其中。这是我的战斗。

在从拉瓜迪亚机场到曼哈顿的路上就看得出这个问题多么严峻。空荡荡的建筑和破落的社区反映出这个国家的领导人没有展望未来。

美国的机场、桥梁、道路和运输系统没有理由会变得破败。就只能怪我们习惯性地纵容政客破坏这个国家。美国决策者的无知看来令人大为光火。难怪人们干脆涌上了街头。

出租车司机提供了最新消息。"今天被抓的人更多了。抗议活动已经扩散了。"

"扩散得多远?"

"几个公园，现在人群在走向时代广场，"司机大笑，"还有更多的人要被抓。"

我听出他有口音，就问他是从哪里来的。

"埃及。"

那天傍晚，从罗马到悉尼，人们涌上街头，表达着愤怒。一项新的地球共识会源于此刻吗？

占领华尔街运动把目光投向时代广场。警察很聪明地把所有通道都封锁了，把人群打散。警察封锁了临街铺面，警示抗议者。"往前走，不要堵住商店。"纽约市警察局善于巧妙利用控制交通流量和禁止滞留的法令来防止人群聚集而产生危险。

禅宗和地铁基建管理艺术

我生于曼哈顿，这里让我感到像家里一样自在。说来也怪，这倒不是因为我回到了纽约，而是因为这座城市的景观和声音都来自我幼年离开纽约后到过的地方。

我走进地铁，一个带雕刻的木鼓砰砰作响，然后阵阵熟悉的塞内加尔鼓声响彻地铁。从木雕的风格来看，这个鼓一定是来自达喀尔波普中心附近的鼓手市场。纽约的地铁老旧过时、满是涂鸦、啸声不断，而亚洲有闪闪发亮、超现代化、十分干净的地铁系统。搭乘体验大不相同。为什么我们的政府不用一揽子刺激计划资金（stimulus package funds）来升级基础设施，而是用来救那一小撮胡作非为的对冲基金和投资银行家？

我从华尔街地铁站出来，看到标志性的金牛周围立着用于控制人群的金属路障。警察不安地围着它站着，处于戒备状态。那头牛困在笼中（像是站在栅栏后）的画面充满象征意味，金牛受警察保护是否代表华尔街大亨怕街头民众拿走他们的财产？或者这象征着一种更为平民化的论调：华尔街大亨和美联储与财政部中支持他们的政客应该被关在栅栏里？

我走过这头冲锋牛，这种超现实的并列触动我的心弦。到了下午，抗议者请我在这头 11 英尺长的铜牛前做个演讲，让我谴责"不理性的消费"、要求美联储和财政部"回归基础"，并宣称余下 99% 者代表一项"新的美国共识"。

第二天早上，地铁里没有塞内加尔鼓了。车站里充满了古筝和长笛的声音。在纽约，有的中国学生会在街头演奏音乐赚点小钱。中国政府买了一大堆美国国债，从而支持美国政府。美国政府发行了16.37万亿美元国债，就是说每天要借48亿美元。

我听着乐声，很感谢弹古筝的中国女孩，于是把3枚25分硬币投进了她的古筝罩子。

"哦，请你留着这些钱吧，"她说道，并把那3枚25分硬币还给我，"这对我们来说太少了，不够用。你可能需要这些零钱来坐地铁。"

重新发现价值观和社区

祖科蒂公园是以一位地产大亨的名字命名，原来叫作自由广场公园。2011年抗议活动的氛围类似20世纪60年代，即宝瓶时代（Age of Aquarius）。那些日子里，格林尼治村里的人读诗、抽大麻、谴责越战、摒弃父母那一代的战后物质主义，并渴望一个立足于更高精神性的新时代。年轻女孩戴上头巾，穿着扎染短裙，决定通过吃全麦和菜芽三明治来改变世界。一切都是那么棒。

40年之后，一切都是如此相似。整个祖科蒂公园沉醉于佩花嬉皮士式的狂喜之中。那里有嬉皮士、流浪汉、失业者，有愤愤不平的哥大研究生和博士生，还有美国各界的相关人士。他们之中有被边缘化的人，也有害怕被边缘化的人。占领运动代表了一个失望不已并出来发泄不满的美国。这是一个上当受骗的美国。

有一种高能脉冲在震颤，跨越了政党、种族和阶级的界限。它让聚集街头的人和电视、电脑前的观众陷入了一种复杂的共同情绪。我这辈子从未如此像个美国人。我发现那种感觉跟看超级碗比赛或吃感恩节火鸡无关。那种感觉与列克星敦、康科德以及谢司起义有关。

很多团体、活动者和政党聚集在那里。它们卷进来之后都想将反抗力量为己所用。但没有一个团体能够驾驭占领之力，因为这一力量本质上是自然而生的。甚至连组织者也意识到，他们牵着一条九头蛇，却毫无方向可言。

一位衣冠不整的长者谴责外国移民人抢了美国人的工作。一位衣着光鲜的年轻人（可能是失业的专业人士）要求废除美联储和财政部。数百个不同的声音要求实现奥巴马总统未做到的变革。很多失业人士举着标语，想把他们的故事讲给任何愿意听的人。还有失业老兵与和平抗议者。这些观点和抗议的风格综合了20世纪30年代的大萧条抗议与60年代联合广场上（周日在海德公园也有）的嬉皮士运动的特点。可以这样说，观点的多元性为这场运动提供了动力。这些多样的声音已经很久没有出现在美国的政治辩论和媒体上了。

这里没有核心的组织团体，只有一群群通力合作的人。人们来来往往，但莫名保持着一种连贯性。很多人坚信他们即将开创一个新社会，确立新的行为准则、新时代的经济，以及新颖又全面的参与式政治体系。他们称之为"共识民主"

这并不是一套理念或计划。他们都认为有什么地方出了问题，但他们想不出任何解决办法。实际上，他们几乎是本能地拒绝申诉要求和申冤方法。每个人都说"占领空间"是运动的核心，但没有人问："要是政府介入并收回地盘该怎么办？"

自称无政府主义者的詹森（Jason）说道："我们想保持运动的势头。如果我们能熬过冬天，那么到了春天我们会变强。"很多人坚信这一点。然后雨下了一夜。第二天上午，流浪汉在栖身之地缩成一团，而学生组织者在麦当劳里吃早餐。清爽的秋日不剩几天了。又一个纽约之冬快要来临。

尖锐分歧显现出来。一些人认为提出要求和计划的时机成熟了，而大多数人担心提出要求的团体会失去其他团体成员的支持。

这个分歧会成为占领运动的致命弱点。

蕾切尔（Rachael）是一名年轻的研究生，领导"智库"会议（即抒发不满的小组会谈）。她说道："我首先要建立自己的价值观。我明确了价值观之后就能弄清我的要求是什么。"

这一切暴露了美国的一个鲜明特点，那就是疯狂地探索价值观。在公园的一头立着"精神之树"，是所有教派的祈祷之地。一天到晚，人们冥想、烧香、驱邪、做瑜伽，并追求更高层次的价值观。占领运动无所不包，所以给了他们一种身份。这就是这场运动的威力。

占领运动的"标签"：人民麦克风和温度读数

我深入地了解了占领华尔街运动，发现占领运动者就想在华尔街摩天大楼底下的街头上创建理想世界。他们的目的就是要证明还有别的路可走。

10
占领你的头脑：和平革命来到美国

祖科蒂公园里俨然出现了一个小村落。令人称奇的是，众多服务委员会在没有办公室、工资和基础设施的情况下协同工作，然后向全民大会汇报。全民大会是最高管理委员会，实际上就是迷你版的国会。

祖科蒂公园变成了一个秩序井然的社区。食品委员会建起了一个干净而高效的厨房，为露宿街头者提供了食物，但任何人都可以到那里吃东西。那里的食物既健康又好吃。还有一个保洁清污委员会。有个图书馆建在公园一角。媒体网络和互联网中心整天播报新闻。一间医疗诊所建在公园另一角。所有这些服务每天面向数百人开放，是在抗议活动的混乱中进行的，却都井井有条。

迈克尔·布隆伯格市长很久以前就应该为无家可归者提供这些服务。

每天晚上7点到9点，所有人都聚集到全民大会上，风雨无阻、雷打不动。在场的人都能参加活动。

全民大会是最高权力机构，负责审核与占领华尔街行动和立场相关的计划和理念。但是与会人员随时会改变。全民大会在祖科蒂公园近百老汇大街一侧的楼梯上召开，对面就是布朗兄弟哈里曼银行的摩天办公大楼。

占领运动实际上建起了一个没有领袖、没有党派、没有众议院议长的流亡政府。人人参与并帮忙做事。纽约警察局下令禁用扩音器，所以每个人就把发言人的讲话转述给其他人，这样所有人都能听到讲话内容。这种方式叫作"人民麦克风"。因为每个人都要转述，所以人人都会认真听。这与国会中的冗长会议非常不一样。

此外，因为大家要转述，所以发言人必须观点明确、口齿清楚、简明扼要。没有长篇大论。这点与国会截然不同。提交国会的法规是律师写的，非律师人员看不懂。大多数国会议员懒得读那些法规，反正批准就是了。这给企业游说大开方便之门，让金钱杀进来掌控全场。在全民大会上，人们知道自己把票投给了什么。

在占领运动中，投票是通过名为"温度读数"的手势来进行的。这更重视建立共识，而不是分出黑白、回答是否的投票。

受占领运动影响，美国其他城市中占领公共空间的抗议团体按照同样的规矩运作，都建起了自己的全民大会。到高潮时期，占领运动实际上建起了一个影子政府。或者说是推进了一项与国家进程并行的政治进程，即便这只是试验而已。他们在街头召开国民大会，允许所有人出席和参与，让国会相形见绌。

广阔的政治舞台拉开了帷幕，但新闻媒体从未有所领会。占领运动这一示威游行活动就是一个活生生的装置艺术杰作，十分庞大且不断延伸，从纽约蔓延到加州，夸张演绎着我们的政治体系。

占领运动颂扬的是我们美国人的多样性，也称赞各色人等一起为共同目标努力所产生的力量。这是堂吉诃德式的意外局面。祖科蒂公园里并非只有主流媒体所描述的若干嬉皮士和流浪汉。占领运动体现了美国的缩影。从左派到右派，从蓝领到白领，他们都在那里表达着失望和愤怒。那里有抗战老兵和争取和平者，有解放巴勒斯坦运动者和哈西德派犹太人，也有获得多个硕士学位却没有工作的古板美国人和被剥夺所有教育的街头儿童。工会和坚持有机耕种的农民、社会主义者、自由论者、无政府主义者、积极布道的基督徒、印度教的克里希那派教徒、美国印第安人、教师、说唱歌手、苏非派鼓手、左右派与中间派，以及其他各界人士形成了强大合力。

他们直言心中所想，说政客与他们的华尔街同谋把美国搞得多么糟糕。他们说出了电视评论员不敢说的话。占领活动不是民主党与共和党的对阵，也不是左右两派的对抗。相反，占领活动是两派政治势力的联手。

多数主流媒体认为占领者无秩序、无组织、无清晰计划。然而，这几点没有一个是真的。

抗议者十分有秩序，也有他们自己的行为准则，甚至还让占领者不要在祖科蒂公园里喝酒，否则就会把他们赶出去。他们组织青年志愿者来打扫公园，而且是徒手捡垃圾。有位年轻人，可能是个学生，头戴深蓝色无檐便帽，身着蓝色运动衫和牛仔裤，正在捡拾垃圾。他戴着一个小耳饰。一对来看抗议活动的中年夫妇想要扔些碎屑，他立马就接过来。

"谢谢。"他们说道，对他的反应力表示认可。

他微笑起来，十分柔和地答道："谢谢你们感谢我。"

占领华尔街运动的全部要义在于这场运动在尝试新的表现形式和价值观，其中就包括我们的政客所缺少的：尊重。

他们通过建立迷你政府来进行抗议的行为就是一场夸张表演，暴露出政客的失常和短视。占领运动的所有行动都是有意摆脱美国现行政治体系的束缚，并嘲弄社会规范和经济机制。他们建立起透明、公开、包容与充满积极性的祖科蒂公园政府，想要证明美国能在小范围内做到政府组织和政客始终无法在国家层面做到的事。

剖析一场失败的和平运动

占领运动组织者都是聪明人。他们知道自己在干什么，却未能进一步推动运动发展。占领运动进行到十分关键的第三四周，就应该建立一个政党，然后派出人马去收集签名，从而让这个政党出现在各州的选票上。势头正盛的时候这样做就能有目的地让占领活动从街头抗议变成有组织的政党。然而，街头那些人并未如此构想。

这样一场面向全美的所谓群众运动多么欢乐和刺激，所以他们不想做那些自认为会减缓势头的事情。因为街上有很多不同种类的团体，可能会相互对立，所以组织者不敢提出什么计划。

也有战术上的错误。起初，他们抗议的地点是华尔街。这个地方意义重大。警察很聪明地把抗议者驱离纽约证券交易所，让他们来到祖科蒂公园。但是占领神圣的纽交所地盘才有用！除非资本运作受到阻碍，否则权力掮客不必向任何事情妥协。因此占领运动就沦为拖延活动而已。

占领运动就是各种即兴发言汇聚成的刺耳杂音。我经常站在靠近百老汇大街、面对布朗兄弟哈里曼银行摩天办公楼的公园边上，向聚集的路人说起西藏的四种动物——象、猴、兔和鸟，还说了它们的相互关系以及它们与树的联系。这样一个展现了生物多样性互联、推崇给予而非拿取的简单故事，能跨越文化差异，从喜马拉雅来到华尔街，而且大家也理解得很清楚。这显得很不可思议。

这件事不只是说活动者反抗大企业和大银行。事实上，企业和对冲基金不会消失。但我们能改变思维方式。多方利益相关者必须参与进来，一起努力实现积极变革。问题是我们要如何调整治理政策，进而转变生活方向，不要互相残杀。

来自塔利尔广场的埃及活动者有天下午过来加入我们。他们举起埃及国旗时，所有人都觉得这充满讽刺意味。他们在祖科蒂公园里说，华盛顿每年拿出13亿美元来资助穆巴拉克的军队，而军队就镇压他们这些人。这类钱可以用来优化美国的基础设施、创造就业岗位。此外，塔利尔广场抗议者透露，他们的革命的关键拐点是受到经济压迫的埃及中产阶层与青年活动者联手反抗穆巴拉克政权。

埃及抗议者建议占领运动提出要求。已有迹象表明，支持抗议者的民众和街头上的很多人都渐渐因拖延而感到失望，也因为占领运动无法提出清晰的计划或连可商议的要求也不提而感到失望。埃及活动者说，要求穆巴拉克下台只是改革进程中的一个步骤，并不是终点。但他们必须赢得关键的第一步才能迈出第二步。有些占领运动示威者要求美联储主席本·伯南克下台。

无论此举的实际意义如何，这至少是一种明确的立场，是可供谈判的东西。从战术上来讲，在这样的形势下，抗议者要把有可能达成的要求摆到桌面上来谈。具体要求什么则不那么重要。如果他们的要求达成，那么这场运动的公信力会增加，力量也会随之增大。然后他们就能带着更加强大的力量继续提出下一个要求，并通过降低争议来取得更宏伟的战略目标。但占领运动并未采取这样的策略。这种方法过于混乱。其实，全民大会根本就不想表明任何立场。

曾经广泛流行的反全球化运动也有同样的问题。我在达喀尔参加了世界社会论坛，听到很多人谴责全球秩序，但是他们无法提出众人期待的可行替代方案。听众就在那里，但演讲者却只向已皈依者宣教布道。评论：新的经济范式需要蓝图（剧本）。据此范式可建立"新的全球共识"（积极而有助益的），而不是发起"反全球化运动"（消极而无助益的）。否则，这些演讲和抗议就只是媒体摘要播出的片段音像，而无法清楚说明大众所期待和需要的变革方向。

很多人想把占领运动变成一场真正的改革运动，但随即遭到占领运动推进者的排斥。最终，这可能与社会中的层层偏见有关、与一代人的严重不信任有关，也许只是由于集团部落主义。说来讽刺，这正是我们的现行政治体系失常的原因。

广泛的占领运动是由一众小型运动组成的。其实这些小型运动不想相互合作。是小的占领运动坚决不同意提出想法，制定政策，把在华盛顿的组织工作推进到下一个阶段，而不是大的运动反对。因此，占领运动与绿色和平组织及 350.org 这类组织大不一样，因为这些组织专门针对特定议题，并通过抗议和游说来实现目标，然后再转到下一个目标。占领运动并不想针对任何事，考虑的都是过程而不是切实计划，因此开始衰落。这些抗议活动利用 Facebook 和 YouTube 把问题摆到人们面前，成功地占领了美国人的头脑，但却不能进一步找出真正解决问题的办法。

有位中年妇女叫瓦莱丽（Valerie），是非裔美国人，拥有一个硕士学位，有孩子，没有工作。一次演讲过后，她和我一起参加工作委员会会议和全民大会。最后她说："这适合那些有很多时间而且有父母出学费的学生。但我要养孩子，我需要真正的体系改革。其实，我需要找到一份工作。"

重振美国精神

示威者的怒火集中在一系列看似不相关的议题上，从处理不当的现行资本市场规则到失业、本地文化受摧毁、社区和种族特性的缺失以及环境退化。

但其实，每项议题都与全球经济体系及现行金融架构的其他方面巧妙联结。

总的来说，占领活动在全美广为传播，抗议者之间有几点相似之处。"占领无处不在"的提倡者可能会认同以下内容。

1. 我们对待地球的方式并不是可持续的。全球经济和金融体系把财富集中在少数人手里，让很多人变得贫穷。削弱在贫富之间发挥缓冲作用的中产阶层会引发阶级冲突。对于经济学的普遍认知已不管用了。

2. 金融架构已经过时，必须改变。过分依赖资本市场、货币和债务交易让少数人富起来，却剥夺了多数人的权利。预想中的涓滴效应并未出现。全球化和本地化都需要平衡。两种极端都不好。我们需要两者平衡。平衡发展要求金融和银行系统资助社区发展以及鼓励中小企业的企业家精神。我们要发展绿色企业和绿色金融。应该创造性地按需改造小额信贷。我们要欢迎其他的经济活动，欢迎那些在社区层面寻求商品与服务交易新方式的活动。

3. 气候变化是地球面临的最大安全威胁。自然灾难的代价显而易见。持续的环境退化和全球变暖会产生食品和水资源危机。环境战会出现。这不是信念问题，而是生存问题。减少温室气体是全球头等大事，耽搁不办就是害了我们自己。开始考虑环境经济学：重新安排刺激计划，从支持金融商行转向投资可再生能源基础设施，从而将电网系统从化石燃料发电改为清洁能源发电。这也许不是石油公司的游说利益集团乐见的，却能创造工作机会并维持地球发展。技术是有的。这是真正的新政。政客要醒一醒了，要不就会被踢出局。

4. 军事扩张不能让地球变成和平繁荣之地。事实上，最近的军事行动带来了更多的苦难，加剧了不稳定、不安全和恐怖主义。支持军事发展的资金应该用来帮助人民实现自强，让大家拥有经营自家企业和实现本地繁荣所需要的技能和小额信贷。可持续发展的经济学离不开基建升级、教育、医疗保健和技能转移。为这些需求提供资金比花钱增强军事实力更能实现和平与安定。

5. 我们现行的政治系统运转不灵。人们不再受政客愚弄，逐渐将之看作商业和游说利益集团的替身。问题是系统性的。选出一个新面孔不能解决任何问题。系统必须改革。最终，这也许意味着在美国采用全新的全民直选体系，终结总统选举团这一过时机制。我们需要在系统内进行选举改革，并引入第三方或多方来打破根深蒂固的两党制所造成的运转僵局。在这之后我们才能跟世界探讨民主。让我们先解决好自己的问题。

6. 媒体并不独立，它们表达的是企业与政府所支持的意见。主流新闻媒体的报导有偏见、受约束。媒体受企业和政治利益集团掌控，不希望我们发言。我们别无选择，只能走上街头，或者我们利用社交媒体和互联网来平衡竞争环境。开始利用在线新闻播报和游击电视（guerrilla television）。

7. 和平的非暴力主义成为反击政治惰性的方式。抗议者切断资本流时，政客和媒体才会坐下来跟他们谈谈哪些需要改革。只有关闭资本阀门，他们才会醒来。

占领运动是要占领空间，从而能够占领头脑。这是这些抗议活动的全部要义。

媒体设法污蔑占领活动，却无法压制美国人的失望和上当受骗的感觉。媒体全天候报道选举大战中的无知之人，让美国人觉得自己的选票很重要，真是贬低美国人。占领运动应接管 CNN 和福克斯工作室，并要求：别再把我们当傻子！

2011 年 11 月 15 日，在全美联合清扫活动中，身着防暴装备的警察迫使抗议者撤离他们占领了近两个月的公共空间。美国的国土安全机构获得关于占领运动的有利情报。他们知道占领运动没有领袖、没有计划。

占领运动怀抱着占领空间这种没有私心的想法。当权者意识到，只要夺走他们占领的地盘就能破坏占领运动。这正是当局的做法。一夜之间就发生了。

这是新地球共识的终点吗？也可能只是起点呢？

一方面，占领运动可能无法从大众表达不满的活动转变为一个真正的政治运动或党派。另一方面，占领运动成功地吸引了美国人的注意力。它摸清了民众的脉搏，告诉他们现行系统出了问题，需要迅速变革。可能有更好的办法，至少提供了看待事物的其他方式。它把一切扔到华尔街面前，以此挑战统治集团。

美国主流媒体肯定了解这一意图，只是不愿意告诉美国民众。

这项运动强有力的自发性激励了我们所有人。占领运动最大的成功是占领了我们的头脑。它是非暴力的、和平的，重振了美国精神。归根到底，这说明我们在街头做的事情非常棒。

11

"再次开拓"美国
振兴社区和环境经济学

Fusion Economics
How Pragmatism Is Changing the World

太阳能是新的安全保障：分散管理电网

20 11年，檀香山。大清早。飞机开始降落檀香山机场的时候，太阳刚刚升起。满世界跑了一圈之后回到了陷入自我挣扎、拼命寻求新想法的美国，回到我读书的地方夏威夷，让我感觉很不可思议。

我坐机场大巴到威基基海滩，看到此地从我的学生时代起所发生的变化，颇为震惊。当年遍布沿湖窄巷的家庭旅馆全没了。甚至连大溪地拉奈旅馆（Tahitian Lanai Inn）也不见了。当年这个旅馆很漂亮，院内花木丛生，还立着提基雕像，如今都被新的水泥建筑和奢侈品连锁店取代了。

特朗普大厦笼罩着一切。

一到酒店我就遇到了一位员工。他是夏威夷大学的学生，就住帕克小巷。那是校园旁边的一个岔道，正是我当学生时住过的地方。以前老街区里有生意兴隆的日本家庭商店、夏威夷花环店和本地社区的菜市场。一切还是原样吗？还是像老威基基的新城一样受到特朗普的影响？

我受邀到亚太安全研究中心（Asia-Pacific Center for Security Studies）做演讲。那是美国军方的一个分支机构，位于威基基的德吕西堡（Frot DeRussy）。屋里聚集了亚洲各国的将军。他们来自阿富汗、尼泊尔、蒙古、印度尼西亚、泰国、柬埔寨和越南。

但为什么让我来？

这些将军真的想通过人民自强来根除暴力和恐怖主义吗？大多数坐在屋内的将军都认为我们需要一种新的框架，因为旧的那个不管用了。

吉姆·平井（Jim Hirai）是研究中心的代理执行主任，正是他邀请我参加会议。"我们考虑了所有情形，包括水资源和食品安全的问题，最后发现喜马拉雅共识可能是今后用来防止亚洲冲突的根本办法。"他说道。整体思路是要避免暴力而不是应对暴力。核心内容是资源管理。这是发展政策的结果，又与价值观紧密相连。

我与丹·里夫（Dan Leaf）进行了单独会谈。这位将军统领着整个研究中心，曾是美军在整个太平洋战区的二把手。

将军看来对这些评论感到震惊。他的副手和助理都忙着做笔记。

我问他，我们所在的这栋楼有没有使用太阳能电池板。屋内的所有人都沉默地思考这个问题。没有，当然没有了。"那么你们的能源来自电网，那是烧油的，对吗？夏威夷每年光是进口燃油（顺带点煤）来发电就花了60亿美元。完全依赖化石燃料。"

他们肯定觉得这番话离题万里，因为将军问道："这有什么关联？"

我解释道："要是珍珠港事件重演，比如说，你要被袭击了，他们何必要去炸船？他们只要发一枚火箭弹炸了发电厂，然后就都完蛋了。打掉电站，游戏结束。你们都不再手动操纵轮船或是飞机了。全都是在电脑上点击完成。要是电网沦陷，那军事力量就废了。但要是你们的屋顶上有整天晒太阳的太阳能板，那就是分散管理能源。这座岛上的每个军事基地都应拥有与电网分离的自主电源，即使电网被切断也能独立运作。我的意思是，可再生能源不是让人去抱树。这关系到国家安全利益。"

他们只是盯着我看。

非洲学生可以教我们环境经济学

占领华尔街运动之后，我以 NGO 观察员的身份出席了在南非德班举办的联合国气候变化框架公约会谈（第 17 次缔约方会议）。我和迪迪埃·阿瓦迪召集了来自印度、中国、巴西、新加坡和若干非洲国家的谈判者，想要在联合国会谈之外建立起共识。

所有人都认为，地球的存续要靠减少二氧化碳总排放量。这要求政府投资基础设施，把电网从化石燃料发电改造成可再生能源发电。要利用财政政策和返利来鼓励企业投资可再生能源，使之具有商业价值。所有人都认为，应收回针对化石燃料的补助，而且利益相关三方——政府、民间团体和企业，必须坐在谈判桌旁，一起找出可行办法。在德班，中国宣布了其五年计划内的一项巨大财务承诺，促进这一进程的发展。印度支持类似的计划。

但真相是，就目前的发展轨迹看，毫无希望。虽然放缓或阻止气候变化是联合国气候变化框架公约的待办事项，但却不是会议室里真正讨论的内容。美国、加拿大和沙特阿拉伯三个国家受本国石油公司利益驱使而阻碍这一进程各方面的发展。这让 G77 国家大为失望，G77 代表新的全球共识，代表那些会在未来几年面临大规模沙漠化或会遭遇沿海洪灾的发展中国家。至于岛国，很多就会消失不见。对这些国家来说，气候变化的影响是真真切切的。

美国谈判者托德·斯特恩（Todd Stern）在大会上发言时，一位美国的女性活动者从座位上站起来大声说，他在气候变化上毫无作为，因此无权代表美国人民参加联合国气候变化框架公约会谈。保安立马把她赶出去。在这件事上没有多元化。

再说得清楚一点。巴拉克·奥巴马在 2008 年宣誓就任美国总统时做的第一个决定是关闭关塔那摩湾监狱。他认为这所监狱违反国际人权，也是美国的耻辱。斯特恩被派去执行关监狱的任务。四年之后，奥巴马获得连任时又宣誓，但关塔那摩湾监狱还是没有关，而斯特恩则在处理气候变化谈判。

更多振奋人心的消息不断从场外传来。库米·奈度（Kumi Naidoo）是绿色和平组织的执行长，本身也是一位著名的活动家，是以观察员身份参加会议的企业 CEO 所讨好的对象。现在这听着有点奇怪，但当时有人在走廊上说，比起跟那里的政府官员吃饭，跨国公司的 CEO 更想跟奈度吃饭。其实，这些 CEO 害怕他们的公司会被绿色和平组织的活动者点名。

那年 6 月，在奈度的领导下，绿色和平组织发起了一项活动，想让美国玩具厂商美泰（Mattel）停止使用亚洲纸浆公司供应的纸质包装材料，因为这家公司在无耻地破坏印尼雨林和濒危动物苏门答腊虎的栖息地。这项活动的基本思路是这样的，美泰的经典产品芭比娃娃因破坏雨林而导致玩偶男友肯恩（美泰的另一款经典产品）与她分手。这对玩偶情侣的争吵被发布在 Twitter 上，清楚地说明，使用那些毁掉雨林和老虎换来的包装纸是不道德的。不久后，就有超过 50 万封邮件寄到美泰公司。美国的这家大型跨国公司（曾经起诉瑞士流行乐团 Abba 擅自把芭比和肯恩的名字写进歌词）在绿色和平组织面前崩溃了，放弃了所有与滥伐森林相关的包装纸供应商。全球最大玩具厂家受到的屈辱向其他跨国公司传递了一个重要信息，表明了企业责任的真正含义。

同时，在空洞的会议室内，联合国气候变化框架公约的整个议程沦为一场秀、一部世界性的悲惨肥皂剧。发展中国家不会有任何进展，因为若干国家操纵着全局，而这些国家的政客让石油公司的游说集团来资助他们的竞选活动。所以联合国只是提供了一个舞台，让一些国家装作认真为地球做谈判的样子，但其实这些国家一直在做毁灭地球的事情。

最后，我干脆离开联合国气候变化框架公约会谈，加入了场外的非洲抗议者行列；但他们也不能改变局势。保安把他们拦在会议之外，离会场很远，所以无论他们说什么、做什么，都不会影响场内的议程或戏剧。他们的声音不受待见，因为全副武装的警卫把他们层层包围，不让他们进去参与讨论。

非洲女性抗议者齐声高喊："我们想拥有自己种粮食的权利。"气候变化对非洲的影响已经很严重。1969 年，乍得和达尔富尔的雨量减少，之后就再也没有恢复正常。随后，冲突循环发生，常常是大国之间争夺石油。在基层，牧民和农民因牧草及其他稀有的自然资源而相互残杀。这预示了未来的乱象。

在抗议过程中，一个非洲年轻人对我说，活动者在附近大学举办"另一种第 17 次缔约国会议"。他还把地址给了我。

在联合国气候变化框架公约会谈期间，这是我参加过的最鼓舞人心的会议。该会议的主题为"绿色资本主义要从气候变化中获利"。与会者中，除了一个自己找上门的占领运动示威者，其他的都是年轻的非洲学生。那天发生的其他事都是立足于这些非洲学生自己的想法，主题为"百万气候变化工作岗位"。这是针对南非的，提倡"合理地转变为一个低碳经济体，从而防止失业和气候变化"。

"再次开拓"美国：振兴社区和环境经济学

会议的结论是，可再生能源发电站提供的工作岗位比传统能源（煤和核能）发电站多27%。可再生能源行业的工作机会更优质。这些电站会分立各地，而且更靠近需要能源的地方，也就意味着输送过程的损耗减少，同时可靠性上升。

会议也注意到，南非的失业率高达25%。说得更明白一点就是，20世纪30年代，美国的失业率达到25%就可称为大萧条。在南非，要是把乞丐、自给自足的耕种者和自谋生路者也算为失业人口的话，失业率接近40%。由此可知为什么在南非暴力犯罪问题如此严重。

学生们想要把彻底改变这种状况。他们在自己搞出来的会议上展示了一份非常清晰的书面议程：

> 第一，我们需要工作。南非的失业率位居世界前列，这加剧了极度贫困、饥饿、犯罪、滥用药物和家庭暴力这些普遍的社会危机。反过来，又会影响我们的健康和教育系统，其中妇女和儿童的负担最重。第二，我们必须减缓气候变化……（气候变化）会加剧我国的贫困现象，因为这至少会降低可用水量。

所有这些都十分有道理。

这些学生自己做研究，弄出一份指南，写明如何在南非创造出300万份新工作。他们拿出一份清楚的计划，详细说明基础设施改造、工作机会和这些对于碳减排产生的实际效果。

这些南非学生一起讨论出来的"百万气候工作岗位"活动非常全面、清晰、实用、可行。这项活动没有联合国用的那些空洞且复杂的发展术语，也没有多边机构的胡言乱语，而是直截了当的。若这项活动有机会出现在街头，街上任何人都能看懂并投票支持。这份计划阐明了以下内容。

1. 利用风能和太阳能来发电。目标是10年后可再生能源发电量占总量的50%。我们借此创造出15万个工作岗位并将排放量减少20%。
2. 通过行业节能来降低能源消耗。如果到2025年我们能节能20%，那么至少新增2.7万个工作岗位。
3. 在住宅和楼房内节约能源。方法是建造新的节能楼房并改造现有楼房。仅改造旧的楼房和住宅，我们就可以创造12万个工作岗位。

4. 扩展公共交通。通过改进和扩展公共交通系统来降低交通方面的石油使用量。让 10% 的私家车通勤者去搭乘公共交通，就会创造约 7 万个工作岗位并减少 2400 万吨二氧化碳。要是我们投身更为宏大的目标和行动，那么可能创造出的工作岗位更多、减少的碳排放量也更多。总的来说，扩展公共交通这项提议会创造出 46 万个新工作。
5. 从小规模的有机生态农业获取食物。小型家庭农场的农场主和农民采用那些能够保护自然资源、减少劳动力、增加单亩产量的农业技术。城区的本地食品生产行业可能会新增近 50 万个工作岗位。
6. 保护我们的水、土壤和生物多样性资源。生态系统复原项目得以扩大的话，可创造出的工作岗位多达 40 万个。复原生态系统会带来一系列的好处，包括改善水质、提高环境对于野生动物和家畜的容纳量、保持表层土以及补充地下水。
7. 走向零浪费。若我们实行零浪费原则，那么就能在当前的经济环境中创造出至少 40 万个工作岗位，同时减少 3500 万吨二氧化碳。零浪费是一种便宜且高效的抗气候变化策略。

联合国气候变化框架公约谈判者被困在会议室里，大谈天书。所有与会者都知道，争论的焦点永远不会有结果。而这些南非学生却写出一份切实的提议，想通过全面改革气候变化基础设施来复兴全球经济。他们走在前沿，比经济学家、联合国谈判者和美国国会更有远见。

我走出会场，默默沉思，美国和世界其他各国能从这些南非学生身上学到多少东西啊。

帕克小巷和街区改造

我回到东西方中心，就好像穿越了一样。自 20 世纪 80 年代初期以来，这里没有什么大变样，而亚洲却已经历了翻天覆地的变化。感觉就像死了之后又投胎到同一个地方。

我动身去看以前学生常混迹的地方，比如说附近的帕克小巷。现在穿越之感越发强烈。我记得帕克小巷是个安静的街区，原来有很多本地的日式商店。孩子们放学后会去那里买麻薯米糕。有卖油炸馄饨的中国商店。也有一个中国有机杂货铺，店内的新鲜蔬菜是一些当地人在自家花园里种的。还有很多鲜花店。妇女们早上聚在店内扎花环。街道上满是花香，还夹杂着夏威夷妇女忙碌工作时的大笑声。楼上是空手道和功夫学校。

帕克小巷有种社区的感觉。很多不同的族群混居于此，而且展现出各自独特的文化，但同时，他们也是夏威夷这个组织的一部分。后来有一天，星星市场（Star Market）进驻这个街区。很快又来了汉堡王和7-11便利店，所提供的快餐比原来那些日本夫妻店和中国有机杂货铺的便宜。这些店一家一家地关门。花店也少了。到我毕业离开这里去亚洲的时候，全球性的品牌盛行起来，而原来的街区变得让我只能感念曾经拥有的东西。单一品牌文化对全球的影响就出现在我们身边。这种文化让美国窒息，甚至还破坏了这个夏威夷小街区的社会结构。

如今重返帕克小巷，我惊讶地发现一些花店恢复营业了。我曾经最爱的日本夫妻店如今变成了有机食品合作商店。其实，街区里这样的店还不少。有一家叫作现实（Down to Earth）的有机商店，里面的农产品都是本地产的。有一家名为和平（Peace）的咖啡店和面包房。有一家店出售制作有机肥用的蠕虫。有一个现代的日本杂货铺。还有新的创意企业，比如Da Spot是车库改造成的一个厨房，每天晚上供应新鲜的泰国、马来西亚和埃及咖喱。店主是埃及裔美国人，而他的妻子是亚裔。这个地方每到周二就会"摇"起来，因为有很多本地的音乐家过来聚到一起，也没什么特别的活动。同一个晚上可以听到苏非派鼓声、印度教吟唱声、说唱乐和摇滚乐。

这个街区又恢复生机了！

星星超市却没了。为什么呢？有可能是因为进口食品价格高于或等于本地农产品价格。夏威夷群岛明明有世界上最肥沃的火山土壤，却还要从菲律宾进口菠萝。如今只是为了游客而种菠萝。游客去参观都乐农场（Dole farm），好像那里是个博物馆，类似迪士尼乐园。都乐农场觉得劳动力成本太高了。那为什么檀香山还有那么多睡在公园里和北岸海滩上的无家可归者？

美国的经济状况似乎不太合情理。在国家层面有债务支撑的战争和政治奇观，在个人层面则有举债进行的奢侈消费。这一切的不可持续性如此明显。但媒体不想说这些。

民众注意到了。显然街区和街道正在发生变化。人们在寻找豪华商城和奢侈品牌无法提供的社区感和认同感。他们在复兴社区的过程中找到了，努力使之出现，减少消费并过上更加健康的生活。他们在创造一种社区身份。帕克小巷周边的生活颂扬人们的多元化。每个人看起来都很享受，同时觉得自己是广泛社区的一分子。他们用夏威夷语里的"家庭感"一词来形容这样的感觉。

在帕克小巷的这个小街区，我看到了美国的另一个缩影，也就是想要回归自我。

其实在美国有很多这样的小街区，每个社区都想恢复本来面目。街区复兴、社会项目、食品合作商店、社区文化和一众有趣、多元、创新的企业正推动着这一过程。在这背后的是社区里的人，而不是银行、对冲基金和政客。

不管是进行另类经济活动的西雅图，还是运作社区复兴项目的底特律，都是在重建美国或者说"重新开拓"美国。这些活动面临的挑战与在喜马拉雅和非洲开拓社会企业时所遇到的相同，即找资金，因为金融系统不支持那些立足于社区的小企业。

想要重新开拓美国，我们就必须改造现行金融系统。卡罗尔·福克斯（Carol Fox）负责的东西方文化中心慈善项目让我见到了斯宾塞·金（Spencer Kim）。他是韩裔美国人，也是一位企业慈善家和社会企业家。他语调柔和，并不谈慈善事业，而是说利用商业让美国的边缘人群实现自强，让他们能重建社区。这无疑犹如愚公移山。

金管理着全球最大的航空设备基地，提供航空技术、零配件和成品。他的工厂位于受冷遇的贫困镇，提供职业技能培训，助力本地商业发展。雇员变成利益相关者，而曾经工商业皆落后的城镇培养出一种社区感。他的企业欣然接受美国的丰富多样性，因而在中西部的6家工厂里有26个不同族群的雇员、流通着16种语言。这些工厂都是本地的，但产品销售却遍及全球。"基地里的所有人都可以来找我们，基本上都能得到想要的东西，"金说道，"这不是全球化和本地化的对立。两样你都需要！"

金不仅把资金带到这些被抛弃的城镇，还把社区感找回来了。这也很重要。这就是多元本地化的含义：社区企业向全球输出产品。我们可以采用这样的商业模式来重新开拓美国。

帕克小巷这样的街区可以出现在布朗克斯、底特律、奥克兰或是西雅图，金的6家工厂也可以出现在任何一个州。两者都不是华尔街的故事，而是现在真正的美国所发生的事，也就是重新发现自己。

蓝色星球和亨克·罗杰斯的大农场

我见到亨克·罗杰斯（Henk Rogers）的时候，他正开着夏威夷的第一辆电动汽车。那是一辆酷似赛车的敞篷跑车，加速能力超棒。我们放慢速度沿着一号公路开往中国城，想在深夜去喝杯酒。一路上，我心里想着，罗杰斯把环境意识变得好酷。想想整个电动汽车行业振兴底特律的场景吧。

亨克·罗杰斯出生于荷兰，有荷兰和印尼血统，从11岁起就住在纽约，之后去夏威夷大学读书。他退学跑去日本，去追一个漂亮的日本女生。现在那个姑娘成了他的妻子。在日本的时候，他开发了全日本首个角色扮演类电子游戏"黑玛瑙"，随后成立了俄罗斯方块公司（Tetris），卖出了超过7000万件盒装产品、拥有1.3亿次的手机下载量，而且每天在Facebook上进行的游戏局数已迅速逼近2000万。

如今，罗杰斯是夏威夷排名第五的富豪，就排在eBay创始人皮埃尔·欧米迪亚（Pierre Omidyar）和美国在线创始人史蒂夫·凯斯（Steve Case）这些人后面。但你可能不会知道这一点。罗杰斯虽然有钱，但总是穿一件黑色T恤、一件不丹风格的亚洲开衫，而且背着一个用来装手机的尼泊尔布袋。"就算是会见日本公主的时候，他还是穿成那样。"东西方中心的一位管理员如此评论道。

罗杰斯不光是个有钱人。他是夏威夷最进取的社会企业家，开创可再生能源方案并借助他的蓝色星球基金来宣传环境意识。他的一项人生使命是终止含碳燃料的消耗。他先定下了一个小目标：让夏威夷先戒了。

"夏威夷的能源价格是全美最高的，夏威夷也是最有可能获取新能源的地方。现在我们每年在石油上花的钱超过60亿美元。我们负担不起在这里种粮食的成本。所以我们有那么多无家可归的人，"罗杰斯说道，"要是我们现在不做点什么，世界就会彻底改变。我自己不断努力，但也要让所有人清醒过来。我启动蓝色星球基金就是为了推动这项使命。"

几天后，我到了"大岛"上。大岛是本地人对夏威夷岛的称呼，也就是夏威夷群岛中最大的岛。我和罗杰斯在他的大农场里过周末。这里位于山区，俯瞰大海。他向我介绍了实验室和专家们。这些人努力去实现他的设想。实验楼外面有近12块不同的太阳能板，而实验室就是要比较每块板的效能。

这个大农场超过一百岁了。这个区域的生物多样性丰富程度达到全岛顶尖水平。

约瑟夫·洛克就是在这里学习，然后成为了一位植物学家，之后去中国探索丽江到中甸之间的地方，并为《国家地理杂志》撰写报告。詹姆斯·希尔顿受到那些报告的启发而写了《消失的地平线》，由此产生了"香格里拉"一词。一切都是从罗杰斯的大农场开始。对我来说，这个开创太阳能方案的大农场与云南的香格里拉镇（整个喜马拉雅共识的灵感来源）有种诡异的联系。

农场的主房是一座修整后的田园风格别墅，承载着夏威夷的历史。我们坐在主房的火炉边，谈了很多关于喜马拉雅共识的事情。罗杰斯想起近期的不丹之旅，"我有幸拜访了一个叫作不丹的亚洲小国。我们一行75人，来自25个国家，去不丹开了个会，就是去'教''落后的'不丹人如何实现可持续的现代化。你懂的，就是让他们变得更像我们。我们花了两天时间来了解不丹，又用两天时间来讲解可持续发展的技术。"

"会议结束的时候，我们几乎是恍恍惚惚地离开了不丹。我们都意识到，不是要让他们变得更像我们。恰好相反，是我们要变得更像他们。他们的国会跟我们的差不多，但我们的国会通常是运转不良。区别就在于，多亏了国民幸福指数，他们不能破坏文化和环境、不能不讲信用、不能行恶政劣治。我可以跟你讲，他们的民主是世界上最有朝气的，而我们的民主是史上最有权势的。感觉我们并不能教给他们啥玩意儿。"

我们走到阳台上，罗杰斯指着大海说道："科学家断言，由于海水酸化，到本世纪末，世界上所有的珊瑚都会灭绝。酸化是因海水吸收二氧化碳而导致的。可能是燃烧有机物产生的二氧化碳。人类（包括我们在内）每年把两百年的固碳量（树木变成煤、海洋生物变成石油）释放到大气中（就是我们呼吸的东西）。这真是有问题的。这不只是珊瑚灭绝的问题。问题是气候变化、暴烈飓风、水资源短缺、食物短缺、海平面升高、海岛国家消失、冰川消失。"

"多数人会说，这跟我有什么关系呢？好吧，我来告诉你。从夏威夷说起。我们在夏威夷使用的能源中有96%是源自化石燃料。无论什么时候，我们的燃料通常只够烧22天。要是运输车不知怎么就不来了，那就没有了喷气机、汽车、轮船、电，也会没有食物、电视和手机。"

他指出，夏威夷进口约60亿美元的化石燃料来供应电网。这些资金可以省下来，用到有用的地方，也就是用来改善经济和升级社会服务。罗杰斯想通过分散管理能源来实现这一点。每个家庭利用太阳能来实现自主发电。他在大农场里找到了另一个方法,就是建一个太阳能发电中心,给山谷中的其他农场供电,而且电价比夏威夷电业出的价要低。

他一步一步来,想要证明住户自己就能分散管理能源,而且这座岛会因可再生资源而繁荣起来。信风和太阳是夏威夷的自然资源。他想对美国及世上其他地方的人说明能在夏威夷做的事情。

但在我写这本书的时候,夏威夷州政府正向那些生产可再生能源的家庭收税。这一举动实际上是在惩罚民众,就是因为他们弃用烧化石燃料的州立电网、选择可再生能源。州政府没有给脱离电网的人减税,反而向他们收税,简直难以置信!这就是事实。基于贪婪的体系支持企业垄断或寡头政治,不仅跟社会企业家对着干,也跟你、我、我们的孩子和我们的地球对着干!

地热货币:更多的绿色能源 = 更多的货币

在基拉韦厄火山,硫黄从火山口蒸腾而出。让人感觉像是回到了新石器时代。这气势源自地球。这是万物的源泉。

在晚上可以看到基拉韦厄火山发出的红光,可以看到火焰升腾发出一片暖光。这是告诫我们,大自然的威力比人类的力量要大得多。这里有一种永恒感,让我们觉得自己很渺小,就像宇宙中的一抹虚无。

基拉韦厄火山在夏威夷人眼中代表佩蕾(Pele)女神,总是提醒我们要正确地看问题。我来到这里,站在火山边上,给火山女神佩蕾献祭。她的愤怒和威力有多种表现形式。有时是熔岩倾泻成河,毁灭路上的一切事物。有时她如幻影一般,像个一身公主气派的可爱小女孩。

我把一瓶俄罗斯伏特加包在朱蕉叶(ti lead)里。夏威夷人认为朱蕉叶很神圣,因为它能抵御消极事物,而且祭神时也用到它(球迷在看足球赛时也会挥舞朱蕉叶)。夏威夷人都知道,佩蕾喜欢人们献上的伏特加,有时也爱杜松子酒。我高举着朱蕉叶,把整瓶伏特加扔进佩蕾的嘴里。

回到檀香山,我见到了亨利·诺阿(Henry Noa)和卢卡(Luka)。夏威夷主权运动有很多分支,而他们是其中一支的领导人。"重点不是主权,"他们声明道,"重点是独立。夏威夷王国已经恢复原貌。美国联邦政府无权夺走我们的土地。"

在历史上,夏威夷曾是一个独立的国家,该国的国王和女王得到欧洲皇室和中日两国皇帝的认可。美国和其他国家的商人在美国海军的支持下(至少有暗中支持)发动政变,推翻利留卡拉尼女王(Queen Liliukalani)。这不是为了石油,而是为了甘蔗。当时甘蔗是一种很重要的商品。那时共有4万左右的夏威夷人,占岛上人口的五分之四。但忽然之间,他们的土地和权利都被没收了。即使是按照美国法律来看,联邦政府对于夏威夷群岛的所有权也是有争议的,而夏威夷土著群体积极争取这些权利。这件事冒出来后,联邦当局十分紧张,甚至可以说是战战兢兢。比尔·克林顿总统承认夏威夷的国家主权,但却没了下文,没有把实权还给夏威夷。亨利·诺阿和卢卡把整件事摆到台面上。他们帮忙恢复夏威夷王国,让这个国家拥有完备的宪法和与美国立法机构平行的立法机关。他们甚至发放驾照和国民身份证,就算一旦违规就会失效也不要紧。

"这不是主权的问题。我们要建立自己的权力机构。"诺阿激动地说道。他的白胡子让他看起来像夏威夷皇族。

"除了拥有常备军之外,我就只想得到一个能让人们同时拥有主权和权力机构的办法,"我说道,"那就是发行你们自己的货币。夏威夷政府需要的就是自己的货币和央行。"

诺阿睁大眼睛。"我们要怎么做?"

"地热能源。基拉韦厄,或者说佩蕾母亲,有这个能力。夏威夷人能够通过卡胡纳(kahunas),即精神领袖,与佩蕾交流,所以只有夏威夷人能领受她的恩惠。夏威夷有那么多自然地热资源。把汽油发电换成地热发电需要投入20亿美元。但是夏威夷每年花60亿美元进口石油来供应电网。20亿美元能创造气候工作岗位,是一项合理投资,立马就能省钱并获得回报。想想看,每年可以把那60亿美元拿回来用在夏威夷经济上。"

"夏威夷想做的是估量地热能源的价值,以及百年左右的价值潜力。然后发行与这一价值挂钩的货币。这一货币并不需要在岛外流通。只要岛内接受就行了。任何过来做生意的人都要兑换货币。他们离开的时候再换回来。当然,买入汇率和卖出汇率是不一样的。考虑到美国经济、国家财政赤字、贸易逆差和华尔街持续不断的盗窃行为,我能想象出对应关系问题,夏威夷地热货币最终会相对美元升值。"

听着仿佛遥不可及,但是发行本地货币和替代货币是有潜在道理的。

11 "再次开拓"美国：振兴社区和环境经济学

1972年，美元与黄金标准脱钩。黄金标准合理而稳定，获得国际认可。自由浮动汇率纯粹是建立在美国政府的信念和信用上，因为美国是世界上最大的经济体和军事力量，但那都是靠债务支出，都只是感觉而已。美国发动帝国主义战争，从中东打到中亚，已经耗空国库。实际上，这个国家破产了。中国购买我们的国债，所以严格来讲我们的政府归他们所有。

我们要找到一种创新的办法，把我们的债务变成净值，把美元与有实际价值的商品挂钩，不要把它与只有虚拟价值的商品挂钩，这样才能为美元再融资。

看到美联储和财政部的运作方式，我们倒不如让美元和 Facebook 挂钩。

全美想要的是多元本地化，而不是铁板一块的全球化。社区力求实现再开发。金融系统只支持那些想在资本市场上市的公司，不支持成为社区利益相关者的小企业。社区已经厌倦了这样的金融系统，转而把金融工具握在自己手里。没有别的地方比马萨诸塞州的伯克希尔县更能说明问题。该县在 2006 年发行了伯克希尔币这种地方性货币。这个货币由 E.F. 舒马赫学会开发，已经流行开来。流通中的伯克希尔币达到 2700 万。接受这一货币的企业超过 400 家。有四家银行的 13 个分支机构接受伯克希尔币。

迄今为止，伯克希尔币对美元升值。本地银行规定 105 伯克希尔币兑换 100 美元。这又能鼓励人们在本地消费，让本地消费者享受 5% 的折扣。伯克希尔县的社区贷款项目已经发展起来。这与绿色美国兑换项目（Green America Exchange）类似，也能创建自下而上的本地经济。这种经济是可持续发展的。

一美元纸币上写着"我们信仰上帝"。这肯定是真的。上帝是我们唯一能信的，因为政客、投资银行和基金经理就是用猜豆子骗术来诓我们。除了媒体说的之外，就没有什么支撑美元了。而你真的想依靠他们吗？人们了解情况之后，他们又去找替代品。

欧洲也是如此。布里斯托的人口数量在英格兰排第六。该市发行自己的货币，叫"布里斯托镑"。只有该市的成员企业可以使用。它不是法定货币，而且兑换成英镑时还附带 3% 的转换费，但却吸引了超过一百家企业来注册成为会员用户。目的是要把本地财富留在社区。此举是因经济衰退而起，而且这一时期人们对英国自己的银行失去了信心，同时欧元也有衰落之势。

比特币这种加密的虚拟货币开始流通。这一跨国货币不属于任何政府、任何地方，到 2014 年的认可度颇高，让政府感到害怕。俄罗斯禁用所有的替代货币。美国联邦当局大力镇压比特币企业家，逮捕了比特币基金会的创始人。让人们拥有自己的货币就夺走了政府的权威。多数厌倦政府的人就想这样做。

对于夏威夷而言，地热货币并非毫无道理可言。在南达科达州发行风能货币也是有意义的。试想一下，美联储发行美元，而全美上下发行一篮子区域货币，而且这些货币的潜在价值是以可再生能源为基础，不是以债务为基础。这就是眼下发生的事情。

要是我们想想金钱的历史就不会觉得这个想法非常疯狂。在中国的明朝，山西省生产酱油和醋的商家就发行了在全国流通的商品信用证。平遥这座小城的十几户人家控制了酱油和醋的生产。近五百年来（比我们国家的历史要长得多），平遥一直是中国的银行业中心。

所以要是我们回归基础，那么根据能源这类实体商品来发行货币确实是可行的。如果美国能把我们的创意变成现实，利用我们的研究和发展技术来开发 iPad 游戏之外的东西，那么我们很快就能将可再生能源发展为重点商品，并以此为基础自社区一级往上重新投放美元。其中的全部要义就是从社区开始重新开拓美国。当旧的货币不值钱或被别人拿走时，就需要新的货币。这与"我们信仰上帝"无关，与相信民选政客或美国总统无关。最好是相信未来的紧俏商品，比如可再生能源。

也许有一天，可再生能源和水一样比黄金还贵。

占领绿色：现在就要 1300 万个绿色职位

约书亚·库伯（Joshua Cooper）是美国人，但自认为是夏威夷人。他是个中年人，把头发往后梳成了马尾，在夏威夷大学教书，还飞往全球各地去参加联合国会议，去跟本地人打交道。

他来到我在东西方中心的办公室，环顾四周。非洲甘蔗靠在墙角，气候变化相关文献摞在架子和桌子上。我正喝着夏威夷咖啡。锡制咖啡杯上点缀着祖鲁妇女做的多彩串珠。"嘿，这间屋子看着像是迷你版德班。"库伯大笑道，"我也在第 17 次缔约国会议上！"

"再次开拓"美国：振兴社区和环境经济学

库伯说起他参与联合国气候变化框架公约谈判的情况。"我们把当地支持联合国的人召集到德班体育馆，就是两年前举办2010年世界杯的地方。那个体育馆已经变成一个景区，可让游客体验刺激的运动项目。于是，在场馆的一边，人们讨论着北极冰盖破裂会导致太平洋群岛消失，以及有多少非洲人因气候变化而无法种粮食。但在另一边，西方游客很高兴地玩蹦极，从跳台跳下来，悬吊在那里。真是离奇。77国集团的人为人类的生存担忧，因为我们正面临自己所造成的气候变化。而七国集团的那些人却忙着找寻无聊的刺激，因为他们有钱和时间去挥霍。他们绑着脚倒吊着嬉笑，没有意识到钱和时间快用完了。"

我和约书亚在准备一项提案，想发动一场真正的全国运动。我们称之为"现在就要1300万个绿色职位！"或"占领绿色"。

意思很简单：我们要求采取刺激措施来创造绿色职位，从而振兴美国。2008年的危机爆发后所提出的刺激方案是用来帮那些用税金相互发奖金的银行家的。那些方案应该用来改善基础设施和增加就业，但是政客却拿去回馈他们的支持者。美国政府完全能够以绿色促发展。政府只需要把资金用到对的地方。

刺激方案要用得高明，用清洁投资来改善美国的基础设施：把化石燃料发电改成可再生能源发电、采用节能标准、利用财政政策来鼓励节能。这会带来就业机会、新的发展、技术创新和有意义的教育，还能为年轻人提供就业所需的职业技能。可以在美国造出新的能源基建和技术。

目的是要提出让两个政党都能全心投入并从中获益的东西。美国政坛两极分化严重，导致政府出了问题。绿色发展及绿色就业的理念既不应归入左派，也不该归入右派。这一理念是前瞻思维，构想了一个给国民创造谋生之道、为了子孙后代复兴经济和生态的美国。绿色行动和商业利益并不矛盾。我们希望商业利益是通过绿色新发展来实现的。

要是我们不做这些，中国就会去做。实际上，中国已经在转往这个方向（见第15章）。亨克·罗杰斯在檀香山开着一辆孤零零的电动车，想让大家意识到环境友好型的做法是有的，而中国现在正在大量生产电动车，政府也拿出巨额补贴来推动这一产业发展。要是市民买一辆电动车，国家就给9000美元以上的补助。在美国，国会仍在争辩气候变化是否真实存在。简直疯了！

为什么美国要落于人后？为什么中国要开创绿色新技术并把这个技术卖给我们？

这意味着商机，也说明此刻美国要夺回竞争优势、引领全球的绿色发展。此外，可以利用绿色技术和资源为美国再融资。但美国的政客能看到这一点吗？他们会行动起来吗？

美国需要新的计划。这不是区分左或右、民主党或共和党的问题。左右两派都有人失业。因此，这是重新创造就业的问题。我们要借助崭新的实政：绿色基建发展和社区复兴。美国从这里开始，要回到这里获取力量。我们要重新开拓美国。

别砍倒最后一棵树：传统价值观强大有力、走向全球

东西方中心是一座亚太文化展览馆。明亮的走廊上挂着树皮布和蜡染布，走廊的玻璃展柜里摆着旅途中寻获的工艺品和来访使团赠送的礼物。整层楼充满太平洋文化气息，墙上挂着大洋洲各地的面具、盾牌和装饰用的艇桨。我就是在这里听说了神秘的复活节岛拉帕努伊（Rapa Nui）上的人是如何自取灭亡的。

17 世纪的某个时期出现了雕刻摩埃石像（moai）的热潮。摩埃石像是让这座岛屿声名远播的巨型人像。不难理解，用于重复建设（GDP 增长模型）的一揽子刺激计划（源于农业产出）破坏了环境。原来随处可见的棕榈树被砍倒，做成用于搬运雕像的滚柱。没了树木的土地变成了农业用地，导致人口激增。

树木倒下了，但独木舟制作工艺却丢了，人们也不再捕鱼。不久，过度建设和人口压力导致的乱砍滥伐逐渐了破坏土地。甘薯、芋头和香蕉的产量锐减。1680 年，一场饥荒引发了内战，也出现了人吃人的现象。拉帕努伊岛的居民如今开始开门迎接游客。他们是这段生态灭绝史的无力幸存者。口述传统和歌谣让他们想起了一个故事。故事说的是有个人把最后一棵树砍倒，而这个人知道这样做意味着他们的文明就此终结。这个故事提醒我们，人类的自负和自私会践踏常识，并毁掉我们赖以生存的生态系统。

就是在东西方中心，《不需要律师的法律体系》一书的作者李浩让学生们将同一议题——经济、法律、政治或商业等，置于不同的文化和地理背景下来一起分析。

但他不在那里了。

一番苦找之后，我终于联系上了李浩。我们在太平洋俱乐部的一个餐厅见面。室内通风良好，天花板上的风扇缓缓旋转。鸟儿从外面的游廊飞进来，啄起地毯上

的碎屑，在服务员费神一顾之前又飞了出去。

李浩看起来身子骨有点弱，但他思维敏捷。他想起在中国的那些更为美好的时光，想到和邓小平一起吃的午餐以及在改革初期由部长们陪同的访问，然后接着我们上次的谈话说下去。"中国会在未来十年凭借重大经济权重改变亚洲。我对这个不感兴趣了，而是想知道中国将如何改变世界。"他说道。

他对美国经济的走向感到失望。没错，金字塔最顶端的那些人自然会安然无恙。但其他人会被遗忘。"这个国家的人那么好。我真的担心他们，"他说道，"但大多数人呢，下一代人呢？我很担心，我们的经济这样走下去，他们受不住。"

谈话自此转向喜马拉雅共识及这一共识发展成为非洲共识的过程，还有重新开拓美国这一需求。当然，在华盛顿特区星球（Planet Washington DC）之外，有个新的地球共识。这已传播到全美及全世界。

李浩思索了一会儿，然后他倾身问了一个问题："你把这些都写下来了吗？"

12

世界不是平的
回归基础、本地多样性和社区资本再生

Fusion Economics
How Pragmatism Is Changing the World

巴塞罗那共识

2012年，巴塞罗那。"你们在占领华尔街的时候，我就在加泰罗尼亚广场。"巴塞罗那共识的创立者马蒂·奥利维利亚（Martí Olivella）大笑着说。他指向窗外的广场说："看到了吗？我就睡在那里。"

成群的鸽子停下来几秒啄食从长椅那里抛来的籽粒。那是个美好的夏日。游客在华丽的喷泉前相互拍照。仅仅一年之前，在此安营扎寨的示威者还被警察包围，激起了抗议。显然，此景已不复存在。

奥利维利亚说起抗议的起因。"M-15运动想通过非暴力方式来促进改革。M-15代表5月15日，就是我们首次占领广场的日子。我们是点燃占领运动的星星之火，"他又望向窗外说，"所以占领华尔街运动其实始于加泰罗尼亚广场。说来讽刺，欧洲金融危机始于华尔街。"

在很多方面，M-15运动的发展情况与占领华尔街运动很像——就像一条九头蛇把头伸往不同的方向。M-15运动，也就是后来所说的"愤怒大游行"，是由本地组

织发动的。很多组织非常小，其成员都是因愤怒而聚集到一起的。这项运动在加泰罗尼亚广场上兴起的时候，巴塞罗那共识积极加入进来。

巴塞罗那共识自那时发展起来，要开始重建抗议，而不是领导抗议。奥利维利亚说他更喜欢积极有效地建立新的经济范式，而不只是发泄愤怒。在街头进行非暴力反抗只是一个方面。若不能积极有效地为新的经济体系打下基础，那么对现行体系发怒也实现不了此举要达成的目标。

奥利维利亚和我第一次见面是在达喀尔，就在满是尘土的切克·安塔·迪奥普大学内，时值世界社会论坛正在召开。在那里，在一片狂喜之中，全球活动者聚到一起，认为改革即将发生。奥利维利亚沉思着，无视我们周遭的强力能量漩涡。"批判旧秩序是不够的，"他评论道，"问题是怎样建立新秩序。社会运动若一味重复同样的控诉，就无法将理想变成行动。"

社区资本再生

回到巴塞罗那，奥利维利亚决定有条理地实现这一点。他召集大家开了一场起草会议。在欧洲各地思想家和进步运动的支持下，他们创作出《巴塞罗那共识宣言》。说的都是共识。这份文件呼吁建立新的全球经济和金融秩序。新的秩序要认可社区的力量、认可给人们注资办实际企业的需求、认可保护环境的重要性与人道主义的价值。

"问题就是我们需要一个能让商品价值与货币价值相等的货币体系，"奥利维利亚说道，"布雷顿森林体系是想让最高层财源滚滚。国际货币基金组织和华盛顿共识使之合法化。但问题是这些钱并不用于生产、农业和社区，并不能增加就业和企业。这些钱流向了掌控全球财富的那6万个人。把钱投到非生产性的、能产生更多纸币的金融工具，就是把钱投入黑洞。我们花了钱却得不到生产力。史上从来没有过这么不平等的现象，让富人更富、穷人更穷。在罗马时期都没发生过这样的事。"

很多欧洲人觉得被政府骗了，也因西方媒体二十年来装腔作势而感到愤怒——没错，所有人都会从"平的"地球获益，但人们并未得利。而且，人们不傻，最终还是识破了诡计。

奥利维利亚说："很多政府认为自己代表人民，可以选定一个方向把事情处理好

世界不是平的：回归基础、本地多样性和社区资本再生

后又回到新自由主义的路上。所以它们救银行、强制实行紧缩政策，还想防止欧元崩盘。"他摇摇头说："但是没有用。如今我们身陷货币大乱局。人们没东西吃，被赶出家门，企业要关门。同时，政府想利用刺激方案来增加消费。但这些制度经济学家有没有发现，人们不能买东西是因为没有工作、赚不到钱？生产力没有提高，提高的是失业率。"

他朝窗外挥手一扫，像是把加泰罗尼亚广场和祖科蒂公园都包含在内了。"我们都在寻找不同的解决办法。办法源自社区融资、本地货币和'小即是美'的理念。"

"其实，对欧洲来说，地方响应就是自然而然的事。"巴塞罗那共识的国际关系协调员瑞海尔·阿希旺登（Rahel Aschwanden）说道。她坐在奥利维利亚旁边，全程都在做笔记。"实际上，不同的路子已经有了。"阿希旺登补充道，指出自己既不是加泰罗尼亚人，也不是西班牙人，"我来自瑞士。数百年来，我们瑞士的官方机构——地方乡镇政府，一直都在发行自己的货币，把商业留在社区。我们这些身处欧洲的人会说起这个办法并不奇怪。"

"各种用以重新界定未来经济的新方法已经出现在欧洲各地了。"阿希旺登兴致勃勃地说，"即使是在危难时刻——主要是因为危机，欧洲实现复兴与找回自我靠的是社区力量，而不是跨国资金流。这是社区资本再生的问题。"她举了一些例子。

在荷兰和比利时开设的特里多斯银行（Triodos Bank）率先推出了社会企业贷款业务，为各种业务提供资金，涵盖有机食品和农业生意、互惠贸易、可再生能源、回收利用和自然保育等。作为一家"社会银行"，特里多斯致力于资助社会企业，从而改善和丰富生活，并在这个过程中建立强大、绿色的社区。

克里斯蒂安·费尔德（Christian Felder）率先提出了"公共福利模型（Common Welfare Matrix）"。他借此衡量的是企业利益相关者而不是利益相关者价值。模型的坐标包括生态可持续性、社会公正、透明度和民主的共同决策制度。这个模型不仅要评估公司的管理方针和劳资关系，还要看公司的供应商是否会破坏环境。

再回到西班牙。由250家公司和组织组成的蒙德拉贡合作社（Mondragon cooperative）把整个城镇变成了一个合作社，从而提高了生产力、减少了失业现象。每个员工都是公司的利益相关者。重要决策都是在由员工组成的利益相关者大会上制定的。人人都有一票。日常决策是由员工选出的管理委员会来制定。管理层的工资有上限，不能多于员工工资的6倍。蒙德拉贡合作社经营"实际业务"——生产

151

机器和汽车零部件,并将产品出口到南北美洲以及亚洲的中国。公司的经营理念可能是以巴斯克地区深厚的平均主义文化为基础,但这一理念已通过各种项目远传至哈萨克斯坦和立陶宛。

合作社这一另类发展模式不仅在欧洲蓬勃发展,也在美洲各地兴起。但是,因为"合作社"一词并非政治正确用语(麦卡锡时代留下的多疑症),所以主流媒体不怎么敢报道这个词。如今,在美国有近3万家合作社在7.3万个地方进行生产经营。不应将之斥为"另类经济"。它正变成新的主流。合作社总体拥有3万亿美元的资产,每年缴纳5 000亿美元的税收,每年给85.6万人支付共计250亿美元的薪水。这些对经济产生了多重影响,全西班牙范围内增加了200多万个工作岗位。试想,若"合作社"一词能像"技术"那样政治正确,那么投资银行就能把合作社包装上市,对冲基金可能会买卖合作社的股票。

西班牙是欧元危机中的一大受害国,但也是极具创新和更新能力的进步经济体之一,是很多领域的先锋。地方运动出现在西班牙全国各地,用自己的办法来处理政府未能应对的问题。本地社区甚至还发行自己的货币。在加泰罗尼亚的渔业城镇比拉诺瓦艾拉格尔(Vilanova I la Geltru),居民们尝试在街区商店使用比欧元值钱的本地货币。马拉加市建了一个特殊的网站,允许人们赚取和使用虚拟货币。

仅仅数月后,奥利维利亚(通过巴塞罗那共识)发行了自己的加泰罗尼亚货币,名为"艾科索尔(Ecosol)"。他先发放代金券,不久后这些代金券变成了一种在线工具。"艾科索尔"以合作社或企业联盟为基础。一欧元相当于一艾科索尔元。

这些社区推出了本地货币政策,展现了多元本地化的一种新面貌。自2008年金融危机以来,西班牙国内发行了至少20种本地货币。各个社区自行规定货币的面额和价值。

全球范围内发行了超过70种用以应对危机的本地货币。在200个社区内流通的"时间货币(实际上就是把劳务时间折算成货币面值)"传到美国的30个州以及英格兰和日本的一些地区。这些行为的核心内容是社区资本再生的理念:找到实用的替代货币,从而把钱留在社区、振兴本地商业。

亚当·斯密的关键原始理论是去投资社区。记住,这是私利("看不见的手")的原意。

欧元：通过经济手段实施的政治工程

如今，在领导力缺失的情况下，欧洲各地的社区正开创自己本地的经济，甚至是发行自己的货币。说来有趣，这些现象也出现在了北美。虽然这些"另类经济"或进步运动看起来仍是边缘性的，但在某个重要的交汇点，这些就能变成一股新主流。这些社区为了自身的利益而采用独特的经济方法。这不是经济理论，而是社区存亡的问题，因为政客没办法、很腐败，或纯粹是不作为。所以兴起了一种"社区单干"的态度。

这完全与欧盟推行欧元的目的相反吗？当然,有作用力就有反作用力。全球化（一刀切的方法）这一新自由主义模式在欧洲推行了几十年，现在出现了反冲。

金融危机和持续衰退出现后，欧洲的民意调查表明，人们不太相信欧洲需要单一货币，也不太确定欧洲需要集中管理金融事宜。出现了一种回头支持本地或本国的倾向，因此当欧盟和一些国家（如安吉拉·默克尔总理领导的德国）朝着更伟大的联邦快速前进时，民众和地方朝着另一个方向走，主要是因为他们担心无法掌控他们自己的经济政策。美国国会中的减支斗争（预算削减）和欧洲的紧缩政策辩论都是类似的人对类似问题的类似反应。

"我们在欧洲正处于历史的十字路口，"瑞典北欧斯安银行（Skandinaviska Enskilda Banken）首席经济学家罗伯特·博格奎斯特（Robert Bergqvist）说道，"我们有统一货币、货币政策和中央银行。这些决定了我们必须稳定欧元。但要做到这一点，我们需要创建四个建筑模块：银行联盟、共同的经济政策框架、统一的财政系统、政治联盟。"

斯安银行是一个实力雄厚的北欧金融机构，由瑞典豪门瓦伦堡家族①掌控。没有比它更像顶尖1%的了。无论如何，博格奎斯特预测欧元必然崩盘，因为国家货币会重新登场，被当作"折中法"，即中间道路。瑞典和丹麦不用欧元，而是保留自己的国家货币。这些北欧国家觉得这样做之后在很多方面都会比较好。

博格奎斯特叹息道："德国和希腊的看法相差太远。把这些差异大的国家放在一

---

① 瓦伦堡家族的工业、商业和金融帝国幅员辽阔，囊括某些家喻户晓的企业，如爱立信、ABB集团、萨博集团、伊莱克斯、银瑞达以及豪华的斯德哥尔摩大酒店。

起,势必引发体系内的冲突和不平衡。要是德国和希腊的经济情况相似就不成问题。但若差异巨大,那么让17个国家采用统一的货币政策就不行。"

"要减少各国间的差异才行,而这要花很长一段时间。过去十年的全球化引人注目,但仍有很多不同之处。德国人和希腊人在赚钱和花钱的方式上会有所不同。欧元区内的文化价值和行为模式依然会有很大差别。同时,世界银行和国际货币基金组织想制定适合所有人的解决办法。但那根本没有用。"

毕加索借艺术讲政治

奥利维利亚从他办公室的栏杆俯瞰加泰罗尼亚广场,伸手指向远方。"右边,是米罗博物馆,左边是毕加索博物馆。"鸽子飞过,"米罗和毕加索都展现了一个至关重要的社会构想。他们去世后,相关收藏品的商业价值飙升。只有很有钱的人、银行家和投资银行家,才能买得起。画作装裱起来就成了商品,因为可以转让。"

巴勃罗·毕加索(Pablo Picasso)和胡安·米罗(Joan Miró)的作品不仅在色彩搭配方面有突破,也在地缘政治经济学上有重大进展。他们抛弃经典传统。这不是为审美而创作的艺术。这是欧洲反法西斯、反思想分级运动的一部分。毕加索和米罗通过自己的艺术象征性地撕碎了弗朗西斯科·佛朗哥(Francisco Franco)强制推行的政治理念。几十年后,这些艺术家鼓舞了在纽约以安迪·沃霍尔(Andy Warhol)为首的另一代人。沃霍尔的波普艺术抨击一种新型一致性,即跨国公司的产品,也就是把所有东西放进汤罐头的极端商业主义。

如今,富有的投资银行家购买毕加索、米罗和沃霍尔的作品,并把这些作品挂在他们的客厅里。成为顶尖1%的精英会购买全球的精妙产品。但他们是否理解他们挂在墙上的艺术作品所隐含的意义?这种艺术呼吁推翻他们的统治。

奥利维利亚又坐下来。他一脸沉思,拿出一支笔和一张空白的纸,开始画大大小小以线相连的圆圈。起先我以为他想模仿米罗的画法,画出充满禅意的圆圈和方块。随后他解释道,那是一幅全球进步运动图,图上也标明这些运动要如何与政府合作。

"我们受三种不同经验的影响,三者的方式不同,"他兴致勃勃地用笔指着纸上的三个大圆,"第一个是乌托邦——我们的合作社助推工作或消费、社会货币、过渡城镇、另类货币体系。这些乌托邦都通过互补的经济实况来表现一套不同的价值观。"

他指向另一个圆圈，并用笔涂深。"第二是非暴力策略。直接进行非暴力反抗只是其中的一种表现形式。还有另一种更为平静的做法。"他又用笔指向第一个圆，"乌托邦中的体系在运作时都不与主流体系合作，所以它们发展壮大起来也变成一种非暴力反抗。要是我们与身处的组织结构不协调，那么那些结构就要改变。其实，要是我们觉得时机成熟，就能改变结构。"

奥利维利亚随后指向第三个圆。"这里要有政府的参与。制定法规并承认进步经济互惠。但有时候，政府会制定法规来组织这些行为。"他摇摇头，"相信我，这会引起反响！重点就在于第三个圈。"他不停地用笔轻敲，"要把政府卷进来。要不就选出人来帮忙推动想要的变革，要不就通过非暴力行动来改变政府，让政府为民众负责。否则，政府就必须面对街头的民众。"

2012年9月，西班牙全国各地的活动者组织起来，到国会大厦前进行示威游行。在西班牙，年轻人面临高达50%的失业率。因此，他们当然会愤怒并要求改革体系。这种现象显然说明某些地方出问题了。

西班牙政府向欧洲央行要了贷款去支持那些资助政府的银行家，所以在马德里和华盛顿的官员不想看到这些抗议活动蔓延，也不希望他们十分喜欢的债务再融资安排受到阻碍。

其实，这些抗议者十分透明和民主。试想一下，几个星期以来，他们全靠社交媒体工具来组织一场抗议游行。组织者公布了游行时间、地点和形式。集会欢迎所有想参加的人。当然，官方能进行关注追踪，因为社交媒体是透明的。他们知道会发生什么、何时发生，然后派便衣警察去参加。没错，也有警察来参加集会，因为示威者没什么要隐藏的。他们的抗议行动是国家宪法赋予的自由。示威者们认为自己透明、民主、按规则行事。

所以，当那些以民主方式推选出来的机构——理应是透明的，开始阻止示威者的时候，就把示威活动推入完全不同的境地。

怒火燃起

我在加泰罗尼亚广场的另一侧发现了一条小巷，与动感时髦永不眠的兰布拉斯大道大致平行。大道上有热闹的餐厅、喧嚣的商店、充满活力的艺术家和即兴哑剧表演，上演全天候的街头艺术大直播。

兰布拉斯大道的这条窄巷是老式建筑一条街，很安静，几近荒凉。我按照拿到的地址来到这里，仓皇地找到这栋楼的入口，并搭乘摇晃的老式电梯去阿尔卡迪·奥利威尔斯（Arcadi Oliveres）的办公室。他是西班牙的传奇活动家，是"愤怒运动（Indignant Movement）"的发起人。

奥利威尔斯展现出一种让人放下戒备的谦逊。他和蔼随性，像父亲一般轻抚着胡子。这位语调柔和的先生正是西班牙的点火挑事者。自欧元危机爆发以来，他不断在欧洲各地的集会和抗议活动上发表演说，呼吁人们涌上街头，大胆挑战经济体系并质问无用的政客。

"政客害怕大量的暴动，"他皱起眉头，大声说道，"如今，大量街头民众反对欧元。欧元不符合希腊、葡萄牙、西班牙的利益。欧元符合德国、大银行和跨国公司的利益，却不为欧洲国家着想。为什么？因为我们放弃了最重要的国家权力——货币政策。希腊、葡萄牙和西班牙的货币政策制定权不在自己手里，而是在欧盟央行手里。而如今，央行位于法兰克福。"

他在一张极简的木桌后坐下来，说起"愤怒"运动（在西班牙称为"愤怒者运动"）是如何兴起的。政府决定牺牲民众、拯救银行，人们不同意这样做。政治体系有问题，正规选出来的代表无法代表选民，于是人们干脆走上街头表达自己的愤怒。这项运动就是这样开始的，也正因此而跨越各大洲。

其实，愤怒运动真正的起源是 2011 年出版的书《愤怒吧！》（*Time for Outrage: Indignez-Vous!*），作者是斯特凡·埃塞尔（Stéphane Hessel）。埃塞尔出生于 1917 年，曾是法国抵抗运动斗士和集中营幸存者，是著名的人权卫士，也是 1948 年世界人权宣言的编辑之一。《愤怒吧！》一经出版立刻成为一本法语畅销书，不久后被翻译成 30 种语言而传播开来，畅销欧洲及其他大陆。从很多方面看，确实是这本书点燃了 2011 年的抗议活动，让这些活动从北非传到了欧洲，之后变成占领运动。《愤怒吧！》大声抗议现行的全球体系，认为这个体系虚伪、不公平、不断扩大贫富差距、污染环境且不顾子孙后代的利益。这本书呼吁人们行动起来，进行非暴力反抗，也就是发动一场和平的人民革命。埃塞尔写道：

> 富人把他们的奴隶安插到国家的最高层。银行是私有的。他们只在乎利益。他们不关心公共利益。贫富间的差距为史上最大。追求财富与竞争精神受到鼓

励和颂扬……因此，我们主张进行"一场抗议——和平而坚决，以反对大众传媒给我们的年轻人所灌输的世界观。这种世界观宣扬大众消费的诱惑、鄙视弱者、无视文化、遗忘历史、鼓吹残酷的相互竞争。

西班牙人所说的"愤怒者（Indignados）"一词正是源于这本书的标题。愤怒运动与占领运动一起开始了，西班牙右派对此的反应就是无视。他们把占领街头的人叫作"perroflautas"。这是个贬义词，意为"带着一条狗的年轻乞丐"。和美国的情况一样，西班牙的主流媒体也把这场运动说成不务正业或嬉皮运动。但这场运动与占领华尔街运动一样不只是关注穷人。为了纠正西班牙国内的这种形象，一个崭新的运动兴起，名为"iaioflautas"，领导者是有钱、有名望的西班牙人——有良心的。他们挺身而出，加入了抗议者的队伍。因为这场运动与占领运动一样算是中产阶级革命。穷人和中上阶层都被银行赶出家门。有钱有名望的专业人士加入进来，向顽固当权派传递一个明确的信息，就是说，M-15 和愤怒运动的联合行动并不是年轻而迷茫的社会弃儿在苦苦哀求，而是代表广大社会阶层与不同收入群体的一种共识。他们已经厌倦了这个无用的体系。

奥利威尔斯点燃了愤怒运动，但也遇到了奥利维利亚碰到的问题。一方面，抗议者和活动者走向欧洲各地的街头，要求进行全面改革。这让政客们明白，要拿出实用的办法，否则就要从舒服的位置上退下来。另一方面，同一批活动者意识到，他们要把缰绳握在自己的手里，要改变某些事情往往应共同发力从小处入手。这两种做法都需要。

拿信贷来举个例子。在西班牙，房产只是一项个人信贷担保。因此，如果一所房子在购买时价值 10 万欧元，而到借款者欠债不还的时候贬值到 7 万欧元，那么银行不仅会拿走房产，还会向借款者追讨那损失的 3 万欧元。这与美国的情况截然不同。在美国，要是有人不还房贷，那么银行就会收走房子。

这种苛刻的信贷制度是西班牙的宪法规定的。要全民投票才能修宪。街头抗议可能会吸引媒体的关注，却无法改变这个问题。还需要同时进行另一种行动。奥利威尔斯不去抗议，而是让他们征集大众签名，要求修宪，从而修改信贷的这一核心概念。

"世界不是平的！"奥利威尔斯大声说道，往桌上砸下一拳，同时起身为我续了一杯咖啡，"国际新自由主义者说需要在所有地方建立自由市场，但这个市场并不是自由的。"他指着杯子说道,"哥伦比亚卖咖啡,但是不能讨价还价,因为大的咖啡公司在买。因此,权力大小不同。哥伦比亚这个国家的权力大小与雀巢这个跨国公司的权力大小不相等。在商业贸易中,哥伦比亚买复印机不是给哥伦比亚人用的,而是给在哥伦比亚开设办公室的大公司用的。在这样运营的体系中无法实现平等的商业和国际贸易,所以世界不是平的。"

奥利威尔斯说的是托马斯·弗里德曼(Thomas Friedman)的《世界是平的:21世纪简史》。如标题所示,这本书简述了全球化进程。书中设想技术是能建起"一个平坦运动场"的特效药,并且对沃尔玛大加赞赏。世界应有的多元性被美国的单一文化打败了。是宽带的解放力把这种单一文化带给了每个人。这本书认为,"我们的模式"这种按照美国的样子来打造其他地方的一刀切做法,十分幼稚,但这确实象征着过去几十年里美国的新自由主义体制。弗里德曼并未考虑到,全球金融和贸易体系中的不平等使得地球并不那么平坦。

埃塞尔的《愤怒吧!》无疑与弗里德曼的《世界是平的:21世纪简史》形成了对立。

奥利威尔斯表达了他对于"主平派(flatist)"的愤怒。欧洲的经济在遵循新自由主义全球化模式后就变得畸形了。"只有四分之一的财富是由实际的人所打理的实际业务创造的,而四分之三是由一小撮人在资本市场上买卖理论工具所创造的。"他认识到,曾经支撑欧洲自有经济模式的社区已经在无穷无尽的杠杆债务工具交易过程中被遗忘。

奥利威尔斯再次叹息,并轻抚胡子,"没错,40年前,实体公司进军股票市场时是带着实际业务的,也就是说有实际的产量,这就需要新的机器来提高实际生产力。他们要筹措资金来做这些事。那个时候,工作与资本相当。如今,实际工作产生的价值只占资本价值的四分之一。另外四分之三纯粹是靠投机。"

他的办公室简单到几近简朴。他从办公室的窗户望出去,抬头凝视飘动的云,好像它们是上市的网页似的。"如今人们进股市不是为生产而集资。最终目的不是产品和生产,而是纯粹的投机。很多金融产品交易是为未来打算,但是未来可能都不存在。这有利于对冲基金,却不利于民众。查得严的话,股市中超过80%的内容是不正当的。资本不是流向经济,而是造福一小撮人。我们这些人却要为他们的损失买单。这就是为什么人们走上街头抗议紧缩政策。"

12

世界不是平的：回归基础、本地多样性和社区资本再生

在美国有曲解"欧元危机"成因的现象，也有坚决否认欧美金融灾难相互关联、否认危机连环产生的现象。就连说"'主平派'观点（flatist）的输出是制造整个乱局的一个因素"也会被斥为异端邪说。"主平派"的观点是依靠资本市场来创造财富、鼓励放宽管制来达到这个目的。

美国认为紧缩政策是国际货币基金组织的补救法，是欧洲必须咽下的苦药，因为欧洲实行社会主义，而且人们不想努力工作。那是新古典主义的观点——没有免费的午餐。"问题不是人们不工作。"奥利威尔斯愤怒地驳斥这种"没有免费午餐"的观点。他的这种愤怒能得到数千人的响应，"问题是人们要为了银行而工作。欧洲的紧急财政援助是给银行的，不是给民众的。比如说，看看西班牙这里的情况。我们的外债是 GDP 的 400%。在这 400% 里，其实只有 80% 是政府支出——就是州省和自治市运行交通、医疗、教育等服务的成本。其余的 320% 是政府必须借给银行用的，但是银行并没有把得到的钱贷给那些经营实际业务以发展本地社区的人。"

他摇摇头，站起来倒了杯咖啡，并把杯子递给我，"因此，在紧缩计划实施过程中，人们要负担银行家的奢侈消费，自然会心生怨恨。眼下的情况是中产阶层加入穷人的队伍，而且穷人更穷、富人更富。我们要通过非暴力革命来改变这个难解之局。可是，如果事情还是照这样发展下去，那么革命就会变得暴力。"他再次抬起头，指向窗外，指着塞维利亚的方向，"看看塞维利亚刚发生的事情。穷人跑到市场，直接从杂货店里拿食物。工会为了穷人而组织起来做同样的事。这是有事要发生的征兆。也就是说，要是他们不改变，就会有事情发生。"

奥利威尔斯痛斥整件事情的虚伪。为什么美国的决策者不用脑子想想为何欧洲各地的人要反对紧缩政策。"在美国，他们只是理论上支持自由市场，却不践行。"

华盛顿指责欧洲没有采用紧缩政策来解决自身的问题。这真是变态的讽刺。然而到 2013 年时，美国政府其实已经破产，也面临着大致相同的问题。民主党和共和党相互推诿，争论究竟是哪一方想出了"减支政策"。这是美国自己的紧缩政策，让两派国会议员都觉得是个"笨"主意。那么，为什么紧缩政策会对欧洲有好处？无人费心在美国的主流媒体上问一问。

在华盛顿，政治表演比解决实际问题要省事。媒体也觉得表演更省事，因为媒体要为利用市场波动（不久后，这些东西都成了套路）来赚钱的广告商和对冲基金经理进行周期性的炒作。美国就是带着这股劲儿趔趄渡过了一个个危机。可惜，底层民众遭了殃。

奥利威尔斯——代表愤怒运动和占领运动，他讲得透彻明白的道理是那么多人都认同的，却不能广为传播，因为这些内容政治不正确。资本市场是少数人的财富来源。但重点不在于买卖实打实的公司的股票，即大多数亚洲和欧洲分析员所说的实体企业推出的股票，而是买卖那些美妙虚幻的网站所推出的股票，也就是我们说的"社交媒体"或"技术股"。这其中没有任何大发展，只不过是许多双眼睛盯着网站看来创造价值。这都是炒作，也就是炒作股票涨跌，适时购入和抛出，然后又转手，就像炒大豆期货那样（交易者永远看不到谁最终会为产品买单）。

赚钱能力不重要，重要的是潜力，是美妙的无限潜力。20世纪90年代末的互联网繁荣就是把钱烧在不赚钱的网站上。大多数网站已不复存在，因为投资银行家只是抱着赌徒心态去投资。然而，有四家公司做大做强，拥有用户和观众，成为"技术股"故事的主角：Facebook、Twitter、Yahoo和YouTube。Facebook是这场游戏中的一个例子，在2012年5月18日推出股票，市值达到1040亿美元。两周内，市值又减少了280亿美元。该公司缺乏收益模式的问题被监管者掩盖了起来。如今，华尔街的分析员还在狂热地讨论Facebook。大多数在亚洲的分析员认为这是另一个庞氏骗局，因为他们知道年轻一代已经创建出更新的社交媒体，让孩子们转而使用这些网站，很多是立足于使用其他语言的不同国家。那么，Facebook是否可能正酝酿着下一场美国次贷危机？

奥利威尔斯认为，金融改革需要让资本以贷款或投资的方式重新回到实体企业的手中。实体企业通常是社区一级的，也就是那些提供盈利性的实际产品和服务的人所拥有的。技术创新是欧洲能轻松取胜的一个领域，但也必须得是实际技术，不能只是用来聊天的一个网站。当前的环境危机呼吁可再生能源、高效能源和水资源保护领域的技术创新，并且要将之运用到所有实业、服务和家庭中。资本要流向那些能够创造实际东西的人。1040亿美元砸向Facebook（一周后，超过四分之一没入黑洞），让你知道我们的体系如此低效利用资本所产生的严重畸形现象。

"如今在西班牙，我们有23%的失业人口。在年轻人中的比例更高，有51%左右。我们要安排好对老弱病残的照顾。我们要保护环境。我们需要创新。"奥利威尔斯强调，"所有这些都能创造就业和商机，但必须要回到社区。这意味着我们要把实际金融引入社区级别的实体企业。可要是政府资金流向银行去补偿那些用民众的钱进行投机的人，那么我们就无法实现那一点。问题在于，我们不需要更多的投机买卖。我们需要的是实际创新、实际生产力和实际发展。"

12
世界不是平的：回归基础、本地多样性和社区资本再生

修女也疯狂

特蕾莎修女无疑是我见过的最酷的修女。某天上午晚些时候，我们在一家简约的咖啡店见面。咖啡店里的早餐一直供应到中午。这家咖啡店在一条静谧的小巷内。不出所料，这条小巷距离加泰罗尼亚广场只有一小段路。

她外表温和、面露慈悲，不是与世隔绝的普通修女。特蕾莎修女和奥利威尔斯一样是个点火挑事者，是西班牙国内极为坦率的进步活动者之一。特蕾莎修女已经变成一个活生生的符号，代表加泰罗尼亚的本地活动者文化。加泰罗尼亚地区坚决认为自己不属于西班牙。

我们在上午晚些时候喝咖啡是因为她前一天晚上刚下飞机，刚从委内瑞拉回来，而她的第一个念头就是食品安全问题。为什么西方主流媒体不关心这个问题呢？她指出，虽然乌戈·查韦斯（Hugo Chavez）推行极权政治，但是委内瑞拉政府已经留出400万英亩的土地用于自给自足的农业生产。她还强调了国家自主掌控食物来源的重要性。

"国家自主掌控食物和水资源对于民权和人权至关重要。"她指出，玻利维亚总统埃沃·莫拉莱斯（Evo Morales）最早期的政治胜利中有一场是关于水资源问题的。"本地政府将供水系统私有化，让一家名为Veri的美国公司垄断了供水。他们把水灌装在塑料瓶里，很方便，不久就掌控了本地水的分销。"她说起玻利维亚的困境，"本地穷人开始接雨水来喝，政府却判定这种行为违法。莫拉莱斯就反抗这个。"

特蕾莎想起一开始接触"万物全球化（globalization of everything）"这一理念时的情形。"1992年，我到美国后，发现那里的食物看着很漂亮，但是味道很差，因为都是转基因食物。他们觉得有必要让所有东西都实现标准化！在西班牙，我们有200种梨子，每一种都是在适宜的地方长得最好。有些品种的梨会因种植的村庄不同而有所不同，仅相距几公里也会不同。要是让种子实现标准化，那么种子就与土地不搭了。"

"平的地球会发生分裂，因为我们唯一的联系是资本流，但资本流不能让我们团结起来。相反，它最终会让我们分开，因为资本径直流向武器贸易。这并非偶然，对吧？我们有个以战争为先的体系，因为，很遗憾，很多国家通过视他国为敌来确立自己的身份。我们要意识到，最终我们拥有的不是一个平的地球，而是一个自然发展的地球。要是我们认可和珍视世界的多样性，那么世界会运行得更好。这样看来，颂

161

扬人类多样性的地球、更具综合性的地球会更加团结。"

在塞维利亚有个会堂，西班牙国王曾在此临朝听政，而西班牙的无敌舰队曾在此考虑要用武力来推动货物贸易和资本（黄金）流，从而守住全球霸主地位。此外，他们还想依仗无敌舰队的军事力量强行将贸易条款推向世界，从而扩大他们对于黄金（资本）流的垄断权。

如今，这个会堂变成了博物馆，游客在此呆呆地看着每位无敌舰队将领的神圣饰章。这些饰章挂在椅子上，将领们曾坐在这里指点和商议当时的全球贸易和金融体系。在那里，在他们面前，有位不知名的探险者大胆说出一个设想。他时而被斥为白日做梦者，时而被斥为不折不扣的疯子。他的名字是克里斯多夫·哥伦布（Christopher Columbus）。他站在那个时代的狂妄统治集团面前，说了一句会改变地球经济格局的话："世界不是平的。"

13

来自俄罗斯的融合经济学
国家反应、金砖国家和变化着的世界秩序

Fusion Economics
How Pragmatism Is Changing the World

各国的情况不同

2012年,莫斯科。我站在国家杜马(Duma)的演讲台上,觉得自己在做的事情很奇怪。华盛顿的人从未请过我在关于中国、越南、尼泊尔的本国代表大会上说明发展政策或是融合经济学。我却在这里,在俄罗斯议会(国家杜马)里阐述我对世界贸易组织的看法。

为加入世贸组织,俄罗斯进行了19年的谈判。其实,正式入世悬而未决,还需要议会的同意。在俄罗斯,很多人不认为世贸组织会给这个国家带来好处,尤其怀疑这能给俄罗斯的广大农村人口和农业带来好处。活动者认为,入世会损害俄罗斯农民和制造商的利益,却造福那些掌控石油和天然气行业、垄断西方奢侈品分销的利益集团。

俄罗斯议会就是否应加入世贸组织而展开了激烈辩论。西方媒体批评弗拉基米尔·普京动作不够快,而活动者声称,正是他的谈判者在最后关头匆忙拿出了符合俄罗斯富人的方案,无视19年来的谈判。整件事的讽刺之处在于,俄罗斯的抗议者认

为普京在迎合俄罗斯的财富精英以及与之结盟的西方跨国公司。无论如何，历经19年的谈判后，议会的批准是最后一步。

俄罗斯的活动者邀请我到议会上演讲，觉得要为保护本国农业和工业做最后一搏。我做了一个深呼吸后，开始议会演讲。我身旁的口译员把我的话翻译成了俄语。

各国情况不同，各个国家是在不同环境下发展的，而且也必须这样发展。地理、人口、资源、文化、宗教和社区结构都是各国传统的组成部分，也是各国人民集体无意识的组成部分。因此，各国经济发展会不一样。同一模式无法在各国产生同等效果。世贸组织制定出一套通用的贸易和投资法则，让所有国家都遵守。但问题是，各国情况不同，因此各国的出发点必然不同。

为什么我来议会做演讲呢？

整件事是这样开始的。一年前，时值非洲共识正式出台，在塞内加尔的达喀尔，在满是尘土的切克·安塔·迪奥普大学内，我遇到了一位年轻的俄罗斯活动者伊恩·沃金（Ian Vodin）。"我想把这些理念带回俄罗斯，"沃金提议道，"我们可以创立一个俄罗斯共识，然后也请你去那里演讲。"

几个月后，我们在巴黎见面，就在阿塔克（Attac）的办公室内。有一群时刻戒备的反全球化活动者在这里办公。他们的办公室位于巴黎的一条小巷内，里面堆满了关于街头行动的传单，充斥着讨论欧洲各地抗议计划的声音。

但我们要想远一点，不能与警察起冲突，要从痛骂全球体系逐渐变为有条理地改革这一体系。激进主义和戒备姿态能吸引媒体的目光。除非是把这些意见砸在主流媒体面前，否则主流媒体会直接无视。但是单靠这些行动不能带来积极转变。要经历更为不动声色与枯燥乏味的改革过程才能让金融、银行和货币体系满足资源枯竭型地球所提出的多变需求。要实现这一点，政府最终必须与金融领袖和民间团体坐在谈判桌旁。

融合经济学说的是找到中间道路和实用主义，从而实现理想。

全球体系的核心在于金融架构及其操纵者。高喊常用的反全球化标语"打倒世界银行"和"摧毁国际货币基金组织"并不困难，但是可口可乐、百事和高盛之类的企业不会就此消失。就算我们在街上烧钱并把灰烬扔到它们脸上也无济于事。央行会直接印更多的钱。

很可惜，要是我们真想让变革发生，就要在做安排时考虑到多个利益相关者。革命不是为造反而造反。穿上切·格瓦拉 T 恤也许很酷，但革命要有个目的。古巴革命推翻巴蒂斯塔（Batista）的独裁统治后，切·格瓦拉成为古巴央行的首任行长。具有领袖气质、能够振奋人心的切·格瓦拉知道要在哪里开展实际工作。一切都与资本流有关。

水资源安全由可乐的价格来决定

我在国家杜马做完演讲的第二天，沃金来我下榻的酒店见我。那是个时髦的现代风格酒店，被莫斯科河沿岸斯大林时期的建筑所遮蔽。我们走过莫斯科的街道。到处都在翻新蓝色和黄色的老式建筑，社区的修整将传统置于新的情境。我想起过去近二十年里自己在北京和拉萨进行的文化遗产修复和社区工作。

沃金除了要领导莫斯科街头的活动者集会之外，本身还是一位习武之人，从空手道、剑道到太极都会，也是 F1 赛车手。他看起来像年轻版的丹尼尔·克雷格（Daniel Craig）。我们大步走过红场，路过拥有螺旋状塔楼的圣巴西尔大教堂。教堂内，拜占庭式的楼梯和礼拜堂间迷宫般的通道仿佛肆意回旋至同一点。

他领我走过曲折的街道，来到一栋天花板很高的老式建筑，沿着狭窄的楼梯进入一间简约的会议室。俄罗斯姜饼和全麦蛋糕随意摆满整个会议桌。

一位语调温和、有点胡子的人走进来并坐在我们面前。他是鲍里斯·卡加利茨基（Boris Kagarlitsky），是一位备受尊敬的活动家，也是苏联的一位异见人士。

他的语气展现出一位实战多年的活动家所拥有的风范和自信。"我们需要一个新的经济模式。这就是整件事的意义。"他以俄罗斯的情况为背景，讲了一个简单的故事，类似民间传说。"俄罗斯农民种苹果挣不了钱。苹果在市场上卖得太便宜了，因为大的垄断分销商控制了苹果的所有分销渠道。农产品支离破碎、局限于本地。然后黑帮接管了本地生意，因为资本没办法进入社区。"

他用这个例子来说明俄罗斯的近百个亿万级豪门如何与普京政府紧密捆绑在一起。通过大量出口天然气和铝矿，他们实际上控制了俄罗斯的外汇储备。他们还垄断了进口和分销网络。世贸组织会造福他们。"这些家族在蹂躏这个国家，一点也不关心国家的未来发展，因为他们并不觉得国家有什么未来。"卡加利茨基说道，"他们的孩子去伦敦上学。"普京多少有点重建沙俄政府的意味，像以前的权力精英那样榨取国家财产，但却让跨国公司入伙。鲍里斯看起来很绝望。他耸耸肩，"所以俄罗斯是个横向合并的公司，不是一个国家。"

"俄罗斯能为世界提供食物。"他的语调变得积极了一点，"我们的农业收成很好。早些时候，我们是欧洲的粮仓。很多国家面临巨大的食品安全问题，有一天他们就要进口粮食。"然后他递给我一块饼干说："尝尝这个。"他想了一会儿，之后微笑起来，"我们能再次成为世界粮仓，但我们必须振兴农业并解决分销问题。我们有充沛的河流，有北极冰川融水滋养我们的水域，可是不解决分销问题就无法成为全球水源。如今，甚至连我们自己的水资源安全都是由百事可乐和可口可乐的价格来决定的。"

可以说，卡加利茨基的观点与特蕾莎修女在巴塞罗那就食品和水资源安全发表的看法是一致的。他们担心的是，这样一个重大的国家安全和环境问题并不是由国家酌情决定，而是由跨国公司决定的。2012年夏天，活动者群体集合起来反对普京，不是因为他们将普京视为寡头政治执政者，而是因为普京代表特权阶级的寡头政治。特权阶级是由俄罗斯的财富精英组成。他们的担忧又与跨国石油利益集团以及消费品公司有关。这些家族手握出口石油、天然气和铝矿赚到的钱，就能控制进口产品的分销渠道，掌控从商用物品到奢侈消费品的一系列进口产品。而这正是街头民众抗议的事情。

"一场空前的危机即将来临。俄罗斯人了解得很清楚。我们已经忍了几十年。"他发现过去几十年里出现了一种模式。他评价这一模式时的远见卓识仍存在于俄罗斯知识分子身上。卡加利茨基担心，分崩离析的金融监管（最初是为了防止再次发生大萧条和世界大战而实施）会让我们重陷经济萧条和随之而来的战争。欧洲人和俄罗斯人都很清楚。"如今，拜市场极端分子所赐，地球上的社会及经济失衡现象十分严重。政治变成了夺权工具，最终目的是掌控财富和资源。"卡加利茨基提醒道，"但与此同时，我们不应效仿百年前列宁的做法。"

提出异议只为拥有更好的未来

卡加利茨基召开了一场新闻发布会，主题为"入世后的俄罗斯前景如何"，地点是戈尔巴乔夫基金会。会上有三位经济学家发言。

来自俄罗斯的融合经济学：国家反应、金砖国家和变化着的世界秩序

"将来会爆发水资源战争，"莫斯科护工工会（Russian Trade Union of Life-Support Workers）的华西列夫斯基（Alexander Vasilevsky）断言，"百事可乐和可口可乐有办法进入全球市场，但是人们没办法获取水资源。"

"吉尔吉斯斯坦基本上是被迫接受世贸组织的，这样就会受到国际货币基金组织和世界银行的制约。"西里尔·鲁西约克（Cyril Lutsyuk）说道。他是媒体网站"Vesti.kg"的编辑，来自吉尔吉斯斯坦。他说："入市之后，吉尔吉斯斯坦的纺织业破产，根本上毁掉了国民产值。约有80万人失业。如今，吉尔吉斯斯坦的经济全靠些小型贸易，也就是买进中国的便宜货再转卖给俄罗斯，或是从中国买进便宜的纺织品，再做成衣服卖给俄罗斯。自入世以来，吉尔吉斯斯坦出现了两场革命。"

"希腊入世之后，世界银行说，希腊人必须把果树砍光才能拥有工业，"居住在希腊的俄罗斯经济学家瓦西里·科尔塔绍夫（Vasily Koltashov）说道，"如今，在希腊找不到希腊橙子，但是能买到佛罗里达的橙子。我们靠旅游业活了下来，因为农业衰退了。青少年以后找不到工作，只能等着失业。"

会议结束后，我受邀来到一位议员的办公室。他是尼古拉·科洛梅伊采夫（Nikolai Kolomeitsev），是国家杜马劳动、社会政策和老兵事务委员会（Committee on Labor, Social Policy, and Veterans' Affairs）的领导，"世贸组织会毁了俄罗斯的农业和国内其他产业。"他说道。建立金砖国家开发银行和另一种贸易体系的想法十分吸引人。但他提醒道，这一做法可能会受阻，因为那些大国察觉此事之后就会插手。反对华盛顿共识是一回事，建立与之并行的体系又是另一回事。"这一举动很有必要，但可能过于警惕。特别是如今它们开始采用基于人民币、卢布、卢比和比索的一篮子替代货币。"他说道。

穿普拉达的新自由主义恶魔

红场对面立着古姆（Gum）百货大楼。这是百年前建的一个中庭拱廊。这里曾经是一个堆满俄罗斯产品、充满俄罗斯气息和韵律的集市，如今修葺一新，变成了高档商城。这些进口货沿着天然气和铝矿的出口渠道和分销网络进入俄罗斯。这些网络控制着奢侈品、可口可乐、百事可乐，甚至是苹果的进口事宜。也是它们去支持普京、支持跨国公司接管本地商业，并且支持警察暴力打压那些质疑这种做法以

167

避免其过于政治化的人。

沃金在古姆百货对面的一家咖啡店等我。那家店的墙上铺着粗面砖,店里有铁艺装饰,还有一幅巨大的画,上面画着一只穿高跟鞋、戴紫帽的猫。有位双臂满是文身的女孩向我点头致意。

沃金很酷地从夹克口袋里抽出一支印尼丁香香烟。"光是抗议没有用。"他叹息道。在过去几个月的街头斗争过程中,沃金已经被逮捕过一次、被扣留了数次。他点上烟,接着说:"过去一年的抗议活动开始平息,主要是因为他们找不出答案。可以借助融合经济学在这里创建一种新的经济。年轻人想要一些不同的东西。要是能在基层建起一个新的经济体系,那么他们就会大受鼓舞。基层运动和 NGO 可以不断发展成为社会企业。我们在俄罗斯需要这样做,尤其是要在我们广袤的国土上建起农业和地方工业。但我们需要指引,从而了解如何打造一个好的社会企业。"

可以将中国的部分经验和融合经济学的部分内容运用于俄罗斯,但不能完全照搬。俄罗斯地广人稀,这是优势而不是缺点。中国的成功是基于廉价劳动力。但是通胀会抬高劳动力成本,技术和机器人会胜过人力,并且中国必须照料大量的老龄人口,其国民医疗和养老金体系将面临巨大压力。俄罗斯南面的这个邻国将来也许还会面临食品和水资源短缺的问题。

"发展农业和开发水资源能让俄罗斯成为食品和水的净出口国。"沃金说道,"或许某一天能逆转贸易流向。但是需要借助融合经济学来为这样的未来做准备。"

这一设想要求政府投建运输系统,从而把农产品和水运出国门,出口到他国。农产品和水资源自由贸易区可能会建在中俄两国接壤的地方。俄罗斯靠天然气买卖积累了 5 000 亿美元的外汇储备,当然有钱来建这项基础设施。这样的国家级基建运输网政策需要与多元本地化相结合。信贷政策不可或缺,能为小型农业生产者提供资金。本地政府要组织起社区商业合作才能形成规模。特别是要用财政政策鼓励俄罗斯企业把钱留在俄罗斯,再投资国内的这些领域,而不是把钱送往伦敦。

"我们需要发起一场社会运动,让我们能从腐败的寡头政治走向一个现代世界,"沃金叹息道,同时把燃着的烟头摁在我们面前的装饰艺术风格的烟灰缸里,"对这里的年轻人来说,融合经济学会是一个有吸引力的答案,因为一直以来俄罗斯都是向外找答案。而现在,融合经济学是俄罗斯唯一的路子。"

他随后说道:"俄罗斯经济曾经很发达,那是依靠各个农业社区实现的。当时我们有工业和技术。但不知为什么，这些又都没了。"

重返俄罗斯

6 个月后，我回到莫斯科。大雪覆盖全城。我以为北京算冷了，但莫斯科是冰冷。顶上有红星的斯大林时期的高楼赫然耸立在莫斯科停滞不前的车流中，像圣诞树一样亮着。豪华商城里非常拥挤。俄罗斯的消费情况已经冲顶。为避开车流，我利用莫斯科庞大的地铁系统来逛这座城市。每个地铁站的显眼位置都有壁画或塑像。这些塑像比真人要大，造型夸张，刻画着工人、农民、士兵和科学家，都是在斯大林时期立起来的。无论如今的俄罗斯人如何看待那一时期的政策，他们可能都觉得斯大林助长了最酷、最俗的公共空间艺术。

我走出莫斯科程式化的庞大地铁系统，来到地面上，在一家远离市中心的酒店里找到了鲍里斯·卡加利茨基。那家酒店完全是 20 世纪 80 年代的复古风格，闪耀着蓝色霓虹灯。卡加利茨基正组织 Southgov.net 的人员开会。这是由活动者和学者组成的网络。这些人想要做点事情来改革全球经济体系。会议的主题是金砖国家（巴西、俄罗斯、印度、中国和南非）如何实现这一变革。

英国纽卡斯尔大学全球政治学教授巴里·吉尔斯（Barry Gills）正在发言。"集体理性危机指的是我们重复做有明显不良后果的事，是一种精神病。我们需要的是全面而彻底的体系改革，而不仅仅是量化宽松刺激政策。要让货币和债务工具直接流向人民，从而创造就业机会。必须这样做，不要光是降低利率和拯救银行。"

他指出，美国经济其实全靠外部支撑。美联储的量化宽松计划始于乔治·W. 布什执政时期，一直势头不减地延续到巴拉克·奥巴马时期。归根到底就是政府印钱来赎回债务，从而发行更多的钱。目的就是让美国银行塞满钱。然而银行并没有增加贷款，而是提高了管理层的奖金。这个计划并未刺激经济发展，而是刺激顶尖 1% 者的荷包鼓起来。

莫斯科国立大学经济学院的高级研究员安德烈·高加诺夫（Andrey Kolganov）说："金融部门变成了制造假需求的一个假部门。每场危机都揭示了这种假繁荣的反面，告诉我们整个现代模式岌岌可危，全靠注射高剂量药物来维持。要是它们还想在下一场危机中用同样的药，那么可能会让现代金融系统崩溃。它们想改革金融部门，却只是想利用手头的东西来改,那就只是装门面的。俄罗斯的这种情况跟西方差不多。"

美国和欧洲未出现金融转型方面的国际领导力,新的参与者会出现。

全球经济衰退源于里根时期的经济状况,甚至还可以追溯到理查德·尼克松时期美元与黄金储备脱钩,然后大肆印钞。放松管制改变了游戏规则。克林顿政府沉迷于全球化而把美国的生产制造外包出去。欧洲照做。然后两者都要依赖资本市场和债务工具买卖来创造财富。实际的东西是由中国和印度制造的。巴西、南非和俄罗斯牵着资源供应链,以此促进本国工业发展。所有这五个国家都获利,并成为所在地区的动力中心。如今,五个动力中心已经冲出来参与全球政策的制定。

这些事情发生的时候,美国在印更多的钱。在此之前,布什总统发动的远距离沙漠战争把美国的军事力量耗尽了。他想要石油资源。或许都是为了推销美帝国的意识形态。之后花了大概 6 万亿美元,耗尽了美国的现金和政治资本。从布什往后,重点不在于美国的意识形态变得全球化,而在于美国自找的金融危机变得全球化。

巴拉克·奥巴马被选为总统——噢,变革的感觉如此美妙!但并没有改变多少。量化宽松政策持续实施,印出更多的钱来抵消债务和赤字,导致美元贬值。银行家拿走了巨额奖金,而余下的美钞流入了新兴经济体的资本市场。实际商业在新兴经济体中出现,又推动着这些国家的高速发展。

实际上,这种巫毒经济学无意间造就了成功冲出乱局的金砖国家。

金砖国家单干

快进到 2014 年 7 月,金砖国家在巴西举办了第六届峰会,并在会上宣布成立自己的开发银行。该银行的初始资本为 500 亿美元,同时还有一笔新的救助资金——这是它们自己的国际货币基金组织。1000 亿美元的应急储备基金有效替代了国际货币基金组织的作用。这一举动会提升金砖国家的地位,使之不仅仅是发展中世界的区域性动力中心,也是拉动邻国走出贫困落后的力量。

显然,金砖国家对西方把持的世界银行和国际货币基金组织等机构感到不满。在整个欧债危机期间,金砖国家在国际货币基金组织中极力争取更大的影响力。他们的影响力加起来只占投票股权的 11%。比较来看,美国持有 16.75% 的投票股权。

这意味着美国能够否决任意一项重大决策（这要求 85% 绝对多数通过）。英国和法国的投票股权都比任意一个金砖国家的多。

2012 年 3 月 20 日，金砖国家领导人在印度会面，发表了《德里宣言》，呼吁建立一个新的金融架构：

> 发达国家的主权债务积累，以及发达国家中长期财政调整引发的担忧，使全球经济发展环境不稳。此外，中央银行为稳定国内经济而采取激进政策措施，导致流动性过剩。这已经影响到新兴市场经济体，引起资本流和商品价格过度波动。（第五条）

《德里宣言》确立了一项基本观念，那就是有必要推出与旧的金融架构并行的新架构——简而言之，就是要使我们的全球金融体系民主化。

> 为此，我们呼吁建立更具代表性的国际金融架构，以提高发展中国家的发言权和代表性，并建立和完善一个公正的国际货币体系，使之符合各国利益并且支持新兴经济体与发展中经济体的发展。此外，这些经济体已经实现基础广泛的发展，如今是全球复苏的重要推动力。（第八条）

多年来，世界银行的政策都是在低息贷款上附加政治条件。发展中国家十分厌恶这一行为，其中很多国家视之为"新殖民主义"或"新帝国主义"。新颖的金砖国家新开发银行是另一种选择，有望提供无条件贷款，但利率较高——更为商业化的做法。金砖国家银行可能也会为世界银行不理会的行业提供项目资金，例如生物燃料和核电站项目，从而向世界银行发起挑战。

2013 年 3 月，召开的第五届金砖国家峰会为金砖国家开发银行制定了清晰的路线图，使之成为世界银行之外的另一种选择，还成立了金砖国家工商理事会。在金砖国家机制下建立自由贸易区后，这一理事会就会是一个小型联合国和行政机构。一年之后，在巴西举办的第六届峰会宣布金砖国家新开发银行成立，并在上海设立总部。接下来显然会使用新的全球储备货币来代替美元。

金砖国家领导人已经决定让金砖五国在进行贸易时使用五国自己的货币。这个主意得到其他新兴市场国家的广泛认同。巴西、俄罗斯、印度、中国和南非的开发银行所签订的两项协议规定，可以为这些国家间的贸易提供本地货币贷款。五国间便捷的多国货币兑换提供了另一种做法，可替代美元成为结算货币，还能保护五国经济不受西方乱局影响。

这会发展成为金砖国家货币间贸易市场，迟早会更加降低对于美元的依赖。一种特殊的金砖国家储备货币（基于五国货币篮子）能与国际货币基金组织的特殊提款权相抗衡。金砖国家货币稳定基金能够取代国际货币基金组织而成为发展中国家的最后贷款者。

随着这些发展，我们已然了解并忍痛接受的后布雷顿森林体系会彻底改变。

只需再把一块金砖铺上墙

"金砖国家"一词并不是发展中国家的某位活动者或经济学家首创。其实，这个词完全是在华尔街造出来的。

这是高盛资产管理公司主席吉姆·奥尼尔（Jim O'Neil）的创意。他在2001年发表的文章《打造更好的全球经济金砖》（Building Better Glohal Economic BRICs）中采用了"金砖（BRIC）"这个首字母缩略词。这个新词就沿用下来，不久就成为全球经济力量转变的象征，标志着全球经济力量从发达的七国集团转向发展中的南半球国家。说来讽刺，奥尼尔并不是发展中世界的代言人。其实，他是顶尖1%者的一位领袖。

为什么奥尼尔会选择这些国家呢？

卡加利茨基认为："五国能凑在一起是因为五国的政策不像华盛顿共识或新自由主义理论那样正统，更是因为需要尝试和界定与己方观点相反的东西。它们注意到了这五个拥有不同模式的大国，而且五国的发展速度很快，年增长率为6%~11%之间。各国的发展结构与根基大不相同，因此新自由主义思想家无法将这些国家归入任何一个类别。干脆就说这五个国家差不多，因为五国与美国大不相同，这样说还容易些。这是人为搞出来的。"卡加利茨基补充道："从新自由主义的角度来看，这些国家的经济政策都不是正统的。这就是它们唯一的联系。"

德里大学政治学教授亚齐·维耐克（Achin Vanaik）指出："每个（金砖国家）都是各自地区的主导力量。一旦金砖国家同盟形成并获得认可，这些国家立刻就会发现合作会更好。因为合作让它们获得更多参与国际架构的机会。"

奥尼尔所创的这个新词十分神奇。这个词在 2001 年一经提及就获得认可、成为话题，而且 8 年后这些国家开始碰头，成为真正的同盟。金砖国家的第一次正式峰会是在俄罗斯第四大城市叶卡捷琳堡举办的，时间为 2009 年 6 月 16 日。这些国家的当务之急是改革全球金融体系和创建一种全球储备货币。一年后，南非加入。于是它们变成了"金砖五国"。这些事情的出现就是因为一位投资银行家说出了显而易见的东西，也就是其他人看到了却选择不说的东西，然后人人都在说。

不要小看任何一个想法。

14

我们想要的未来
想要拯救地球，我们需要新的领袖

Fusion Economics
How Pragmatism Is Changing the World

价值观的突变

2012年，里约热内卢。"我的车烧的是生物燃料。"马塞尔（Marcel）来里约加利昂国际机场接我时说道。那时是6月中旬，入境检查处挤满了从世界各地赶来参加"里约+20"峰会的代表团。

我们驾车穿过里约街道的时候，开始下起了夏日小雨，空气中弥漫着内陆丛林与海盐的混合气息。马塞尔骄傲地说："你看，我们这里不需要用化石燃料来给车加油。甘蔗和天然气构成了生物燃料。"

我们飞驰过另一条街，开上科帕卡巴纳海滩大道，周围有豪华酒店，有节奏强劲的果汁吧音乐，还有弯弯曲曲的背街小巷，里面挤满了午夜狂欢者。"在里约，我们的交通堵得很厉害，但至少不会破坏环境。"马塞尔大笑着，带动他的白胡子，同时扬起眉。然后他向我快速介绍了整个经济状况，"在巴西，生物燃料很便宜。这鼓励司机开我们的国产车，这些车的引擎造价不高。最终，对经济供应链上的所有人来说都是划算的。"

"但巴西是怎么发展到这个水平的？"我好奇地问。

"那要有政府政策，"马塞尔解释道，"在前总统路易斯·伊纳西奥·卢拉·达席尔瓦（Luiz Inácio Lula da Silva）执政期间，政府政策优先考虑环境。但不仅是进行碳减排，而是要刺激经济、精简开支，并通过碳减排来创造就业机会。因此，工业、财政和金融政策在背后支持生物燃料计划，实现商业化运作。最后所有人都支持。我们这些大半天都堵在路上的司机肯定会选这个。生物燃料又干净又便宜。"

马塞尔把我载到科帕卡巴纳酒店。不丹总理吉莫·廷礼总理曾召集 20 多位学者来此开会。当年早些时候，即 2012 年 4 月 2 日，这群人在纽约的联合国大会上了提出国民幸福指数议案，要求采用一种新的方式来衡量发展情况。

小小的不丹王国质疑以物质发展模型来衡量成功是否得当。这是向全球金融架构的根本设想发起挑战。廷礼在演讲中说道："经济问题就是脱贫问题。可持续发展问题就是生存问题。"然后他呼吁"自下而上重新规划经济情况"。

我们浮夸的媒体不停地对成人和青年们说，消费和物质积累是衡量成功的标准。我们的整个经济结构正是基于这一观念。然而，真实情况是，我们负担不起。个人和国家一直都处于负债中。此外，我们向地球借了太多无法偿还的资源和干净空气。廷礼把国民幸福指数推向全球，其实就是想实现价值范式的转变。

仅仅两天后，在"里约+20"峰会的一个小组会议上，时任联合国开发计划署秘书长，也是新西兰前总理的海伦·克拉克（Helen Clark）提出了超过 6 个用以衡量发展的新模型。想不到她所展示的研究是世界上最发达国家做的、是那些酝酿出休克疗法等新自由主义理论的大学做的。这表明西方开始觉醒了，知道要反思旧模式了。克拉克在回顾这些替代做法时说，如今"联合国开发计划署相信，也能从人类发展指数出发，设计一个更为全面的方法来衡量可持续发展"。

说来讽刺，在"里约+20"峰会上，正是主要的工业化国家挡路，让各国无法达成重要共识、无法重申全球可持续发展的原则。石油和企业利益集团仍操纵着整个过程。但在里约峰会会场外，青年团体、NGO 活动者和许多政府代表团制定了一个新的全球共识。经济可持续性不是让一小撮人的收益暴涨，而是事关这个地球的存续问题。

"很多运动正同时在世界各地出现，呼吁用另一种方法来代替 GDP 衡量法。"廷礼思索了一会儿，继而称之为"人类社会的临界点"。他微笑起来，明白这一过程的催化剂正是不丹王国。

"里约+20"峰会理应达成的目标及未能如愿的原因

1992年，第一届地球峰会（官方名称为联合国环境与开发会议）在里约热内卢举办，具有历史意义。峰会提出了"可持续发展"这一概念，并通过了《联合国气候变化框架公约》（*VN Framework Convention on Climate Change*）和《生物多样性公约》（*Convention on Biological Diversity*）。此后，每年的联合国气候变化谈判都是以这个框架为基础。

"可持续发展"变成一种国际公认的观念，要求在满足发展需求的同时考虑环境问题。1992年马拉松式的谈判会议勾画出《里约宣言》中所列原则。这些原则都是关于环境、发展和公正的，主要概念包括"污染者买单""发展是一项权利"和"共同但有区别的责任"。

二十年过去了，气候变化问题没有什么实质进展，由此产生的水资源和食品危机，也就是全球金融体系中的问题，已经混乱不堪。就是这个金融体系扩大了贫富差距，并让地球环境不再可持续。

无法解决这些问题是因为全球领袖的政治意愿疲软无力、模棱两可。其中很多人受限于跨国石油公司对某些政府的财政控制。

同时，冰川融化、沙漠扩大、海平面上升。随之而来的环境灾难影响了大批民众。

"里约+20"峰会旨在重申1992年地球峰会期间做出的政治承诺，并制定气候变化、食品和水资源安全、全球金融危机的应对指南。这些都写在《我们想要的未来》这一成果文件中。然而，经过一年的预谈判后，这份文件完全没有了任何希望。

一天之内，上千个组织签署了一份请愿书，题为"我们不想要的未来"，否定《我们想要的未来》成果文件的效用，还要求删除"在民间团体的全面参与下"这些字眼。尼克·梅南（Nick Meynen）来自总部位于布鲁塞尔的NGO组织北方可持续发展联盟（Northern Alliance for Sustainability）。他发布了另一封请愿书，上面写道："我们迫切希望世界领导人能重启谈判以提高干劲。我们把你们选出来，不是让你们来这里发表政治声明，然后就前往科帕卡巴纳海滩度假。"

抗议的高潮部分是北方可持续发展联盟的莱达·赖浩（Leida Rijnhout）在全体大会上的发言：

> 真是不可思议，我能与所有世界领导人一起坐在这间会议室里。我感受到了身边这些塑造世界的伟力。
>
> 我们都知道，威胁就在眼前，我也不必重申紧迫性。科学说得很清楚。要是我们在未来五到十年内不改变社会的运转方式，那么我们就会威胁到子孙后代与地球上其他物种的生存。
>
> 不过，在座的各位有能力扭转这一切。各位能在这里实现我们每个人的梦想：拥有拯救地球的机会。这一切由你们决定。
>
> "里约+20"峰会快要变成又一次失败的尝试。政府只想保护自己的狭隘利益，而不是激励全世界、让我们重拾对人性的信任。若真失败了，那就是权力的巨大浪费，也是领导力的巨大浪费。
>
> 不能在《我们想要的未来》一文中丝毫不提地球限度、临界点，或是地球的承载能力。这份文件的内容完全脱离实际。若你们采用现行版本，就无法保证子孙后代有未来。这其中也包括你们自己的孩子。
>
> 我们看到国家以经济危机为借口，同时斥巨资来补贴化石燃料产业。这是全世界最赚钱的产业。各位能做的第一件事就是取消现行的有害补贴，尤其是化石燃料产业的补贴。这是民间团体对话过程中票选出的头等大事。

第二天上午，到处弥漫着一种失望的情绪，淹没了走廊，也淹没了承办会议的里约会议中心。受联合国认可为利益相关观察者的"主要团体"——NGO组织、本地人和妇女，在T-3馆召开自己的小组会议。妇女团体代表表达了对成果文件的愤怒之情。

所有人深感不公而表达了愤怒。一种迷醉的感觉由此而生（也能鼓舞人心）。这是个炫目的时刻。安妮塔·纳亚尔（Anita Nayar）是NGO组织"新世纪妇女发展选择"（NGO Dawn）的代表，属于极活跃分子。"我们在'里约+20'峰会上所看到的和文件的内容都非常荒谬，"纳亚尔说道，"没有指出问题是由各项议题的相互关系引起的。'里约+20'峰会文件是错乱的，很少关注不平等现象。经济方面的内容没有解决货币和金融体系中的制度问题。在环境方面的内容中，所谓的绿色经济将经济置于生态之上。"

全球各地的妇女代表相继起身拿起麦克风，表达了自己的愤怒和失望，愤恨"里约+20"峰会变成一场骗局。这是因为联合国坐视不管，而一些国家及其企业利益集团操纵会议过程并能轻易误导媒体。毕竟媒体也是他们的。

剖析联合国的（又一次）失利

"里约+20"峰会是持续发酵的一个大悲剧。联合国成果文件中列了一长串以往的联合国行动来自夸，但显然文中并未提及2009年联合国世界金融和经济危机及其对发展的影响高级别会议（United States Conference on the World Financial and Economic Crisis and Its Impact on Development）。美国谈判者连稍微一提都不准，因为那次会议直指美国基于债务的经济刺激及救市计划。这一计划保护顶尖1%者的财政利益。

显然也未提及与此危机相关的领导人。有上百个国家领导人参加了峰会，但是所有人都失望地看到美国总统巴拉克·奥巴马、英国首相大卫·卡梅伦和德国总理安吉拉·默克尔之类的7国集团主要领导人都在回避。这很能说明各自另有打算，也解释了为何存在如此尖锐的分歧。

说来讽刺，很多西方主流媒体要不根本就不报道这一历史性峰会，要不就只是轻描淡写地提一提。它们原来也是这样对待占领运动的。到2012年，"'顶尖1%'掌权"这一说法变成了陈词滥调。但在"里约+20"峰会上，这是问题所在。

在"里约+20"峰会上，大多数人一致认为当前的消费模式和轨迹不是可持续的。要是我们继续这么干，那就需要有七个地球才能存活下去！很遗憾，华盛顿与其他地方的分歧是谈判过程中的突出焦点。

美国谈判者否定了欧盟、77国家集团和中国所提出的"改变不可持续的消费和生产模式"这一概念。美国谈判团反而提议使用"推广可持续的……模式"这样的措辞。这是在呼吁增加消费。

美国谈判团推崇过度消费权，质疑发展权。然而，最终他们不得不放弃这个议题。发展权是一项存在已久的联合国原则，确实没什么可争辩的。

不过，美国谈判者随后又拒绝接受"食物权"，而是提出"包括食物权的适当生活水准权"。可能那指的是高尔夫乡村俱乐部式的生活方式，也就是说美食为会员独享。发展中国家作出让步，提出"适当食物权"，而美国立刻否决。

重点就是说美国谈判者想推崇的是过度消费权，而不是民众的适当食物权。

最激烈的争论是关于第二部分"重申政治承诺"中的"共同但有区别的责任"。77国家集团反复指出，这些原则和公平都是全球可持续发展合作中必不可少的内容。据说，印度和美国就此问题展开激烈交锋。讨论持续到6月18日清晨时分，但没什么进展。

77国集团同意在成果文件中写"需要所有国家，尤其是发展中国家，继续提高话语权并充分、有效参与全球决策"。

美国要求删掉"提高话语权"。

可以这么说，这让一切都明了了。

我们不想要的未来

在里约，联合国"漂绿了"这个会议。政府在会议过程中回避关系到地球存续的核心问题，目的是要保护由石油利益集团注资支持的切身政治利益。经过几个月的无效谈判和争吵之后，峰会创造出一份所谓的成果文件，题为《我们想要的未来》。全文完全脱离实际、混乱、很少关注不平等现象。根本无意解决让现行货币体系和金融架构出现毛病的制度问题。此外，这份文件没有为地球存续制定清晰方案。

"里约+20"峰会是联合国打造的一个剧场，想让人们以为全球领导人能制定出一个框架来确保地球的存续。然而，在场的那些人则发现，情况正好与此相反，凸显出政治无力也无意应对金融危机、贫困、扩大的贫富差距、食品和水资源安全，以及跟丝毫不减的气候变化相关的临头大难。

峰会宣称会欢迎这个全球进程中的所有利益相关者，但却堕落成一个三方闹剧。政府谈判者锁定全体大会，也就是发表浮夸的政治演讲。商业领袖待在豪华的海滨酒店里处理自己的生意。同时，民间团体分开行动。本地活动者在里约的街头抗议，而获得认可的NGO组织则在封闭的政府谈判会场外召开自己的小组会议。这是一场精英主义的、受操控的表演，与预想完全相反。但联合国颇为惊讶，这一次民间团体不买账了。

"除了悲剧之外,难以用其他词来形容'里约+20'峰会。"ETC集团在报告中如此写道。ETC集团是一个环境监察组织,从2010年开始追踪谈判过程。"尽管准备了数年、谈判了数月,在里约出现的言论和行动都无法掩饰一件事,那就是原先的1992年地球峰会结束后,我们迷失了20年。"ETC集团的内特·达诺(Neth Daño)指出,"很多代表团真的为成果文件的标题《我们想要的未来》感到难为情,因为想要的这个未来是这些短视的倡议无法实现的。"

其实,在"里约+20"峰会上,那些强国的大领导有能力带动有意义的变革,却让我们失望了。他们个人财政方面的狭隘短期政治利益盖过了对于地球长期可持续性的担忧。然而,他们的不作为凸显了领导人在政治上的无能,也凸显了后布雷顿森林秩序的无用。

民间团体这一跨国力量大声呼吁变革、提倡一种新的经济范式。要是"里约+20"峰会有用,那么不仅让在街头抗议的民众,或者说联合国利益相关者团体——NGO组织、妇女团体、环保主义者和本地人,了解这一点,也能让主要会议室中的谈判者认识到这一点。会场内外的每个人都清楚,某些体系,连同利益团体,都有自己的时代。而如今,那个时代结束了。

一种新的经济模式在谈判会场外的走廊上诞生,在抗议者占领的街头诞生。民间团体合力发出清晰而响亮的声音,提倡新的价值观。青年活动者公开声明,说他们这一代愿意为环境而牺牲GDP。并非所有事都关乎贪婪和不受约束的利润。对如今这些有抱负的青年来说,不能像前人那样用凄惨的物质财富来衡量成功,而是要依据民众和地球的福祉来衡量成功。后来人可以沿用这一方法。

在走廊和街头,活动者和年轻人意识到,地球上的问题并不在于想要创造更多的消费,而在于过度消费。他们呼吁重新调整全球金融,使之流向社区,并让人们依靠实体商业实现自强,不要光是支持进行杠杆金融工具交易的资本市场。相反,他们设想出一个以全面方法来制定经济决策的多元本地化世界。

这些声音代表年轻人的一个新的全球共识。这些年轻人想要自己规划未来。

在一个戏剧性的时刻,身着红衣的青年抗议者们趁警卫不注意,手拉手地把坐满国家领导人的谈判会场包围起来。这些年轻人想对世界领导人说:不要越过红线。在谈判会场外的走廊上有一种炙热的情绪。会场里的老头子们也许有权有势,但他们无权把地球的未来谈没了。未来是属于我们年轻人的。

15

环境经济学
少纸上谈兵，为生存而落实绿色发展
Fusion Economics
How Pragmatism Is Changing the World

"绿色经济"难定义

2012年，北京。在"里约+20"峰会上，迄今为止最关键、最让我紧张不安的辩论是关于"绿色经济"的定义。成果文件中给出的定义很模糊，让企业、政府和国际金融机构能做不同的解读。活动者和NGO组织谴责它们所说的"大自然的金融化"，"这个概念的意思是每一片水域、每一朵睡莲都会被标价和分类，被视为大自然'环境服务'中的一部分"。

这都是源于华尔街玩的把戏。华尔街把所有东西都变成债务杠杆商品，然后就可以进行买卖、上市、交易和挥霍。其实，活动者气愤的是投资银行家把地球和自然资源降格成网站。

在"里约+20"峰会上，政府、企业和活动者都纠结于语义。坦白说，好像各方立场都十分尖刻，而谈判桌旁的多数人根本不知道自己在说什么。

起码的要求是降低总的碳排放量，同时要安抚企业利益集团，并保持适当的经济发展来减轻贫困。这貌似是不可能达到的平衡。那就想想南非学生在德班的联合

国气候变化框架公约会谈期间提出的创新想法。

世界自然基金会（World Wildlife Fund）中国可持续金融项目总监孙轶颋说："绿色经济有两个内容。第一是'经济'本身。经济必须合理发展，也就是说GDP增长、企业赚钱。慈善是好的，但不应与经济混淆。经济就是关于产业、贸易和金融。第二是'绿色'，严格来讲就是减少碳足迹。就是要降低碳和废物的总排放量。那么，把两者合在一起，我们如何在促进生产的同时保护生态环境呢？这就是绿色经济应做到的。用实际经济的工具来保护助力总体发展的自然资源。也会涉及生产力和金融上的技术改革。"

我们把这称为"环境经济学"才会清楚明白，不要再争论"绿色"一词及其诸多用法上的细微差别。

然后孙轶颋说到活动者们对于"漂绿"的愤怒。"有人说碳交易和其他金融工具是绿色环保的，并用那些来抵消碳排放。碳交易不是绿色经济的内容。我们要把地球看作一个整体。碳交易只是一种补偿。这是富裕国家和金融机构的把戏。我有钱、排放碳。又怎么样？没有工业的穷国可以把干净的空间卖给我。然后我就可以继续污染、照常做生意。这是个金融骗局。必须全面叫停碳交易。我们需要的是降低总的碳排放量。"

"要降低总的碳排放量，就只能借助可再生能源或高效能源。"孙轶颋讲得很明白，"这是在说企业实实在在降低碳和废物排放量，而不是在记账时玩一个把戏。"

这只能通过环境经济学来实现。也就是说，要推出基建刺激计划来落实电网改造（政府投入），再辅以信贷和财政政策，促使企业在考虑利润的同时采用可再生能源或高效能源。用融合法来重新规划。

中国和美国是位列一二的碳排放国。令我伤心的是，尽管中国问题不少，但它比美国更有可能发挥作用来对气候变化产生积极影响。如今，美国星球（Planet America）上有政治死结，很遗憾无法为这类事情出力。反之，中国的领导人坚决奉行实用主义。若某件事对他们有利，那他们可能就会去做，而且想快就能快。

策略：让中国国务院答应出台重大经济措施来减少中国的碳足迹，让美国感到难堪，然后美国就会照做（或者起码会设法追赶中国）。

我重温了中国政府提出的"宏观经济调控十六条措施"。这是融合经济学的奠基性文件。然后我把"现在就要百万绿色职位"的倡议书摆在旁边。这是南非学生给他们国家提出的建议。问题是,如何让两者融合起来?

用融合经济学来落实绿色发展

中国是碳排放量最大的国家。荷兰环境评估局的数据显示,2006 年,中国已超越美国成为二氧化碳排放量最大的国家。中国的二氧化碳排放量比美国的多 8%。迄今为止,中国使用的能源中约有 70% 来自煤。其余部分主要是水电和核能,而可再生能源——主要是太阳能和风能,比例极低。

在中国,煤很便宜。太阳能和风能的发电能力还较小。还要设法优化能量输出和能量标准。另一方面,这些难题都不只是利用金融和投资就能解决的技术问题。实际上,所有这些影响可再生能源普及、影响其成为全国首选的难题,都可当作这个产业的机遇。

美国努力降低科研和发展的成本,而中国只靠产量就能降低成本,因为所有东西的产量都很大。

查尔斯·盖伊(Charles Gay)是应用太阳能公司的总裁。该公司隶属于美国工业巨头应用材料公司。他认为:"太阳能产业的学习曲线在加快,因为积累量增加,而且各道工序间的联接得到优化。若太阳能板的发电成本为 0.5 美元 / 千瓦,那么整个系统的成本为 1 美元 / 千瓦,与煤、石油、天然气发电站的资本成本大致相同。在这个'学习曲线'中,光伏板积累的电量翻倍时,成本一度降低 20%。"

在这里,融合法与宏观政策指导相结合。想让太阳能成为国家级能源就需要宏观政策指导。经济政策和商业机会紧随其后。中国可以转向可再生、高效的能源,从而降低碳排放总量。也就是说,在这一方面,中国政府有很强的政治意愿,肯定能够实现。

对中国来说,环境经济学不是研究空想家的抱树行为,而是关系到中国的长治久安,以前的发展模式已经引发了一些亟待解决的问题,比如环境污染。

超速发展模式是问题的根源。中国开始反思之前的超速发展模式、考虑更为全面的东西。也就是说,要重新审视中国的社会价值观,最终要重新定义成功的内涵。也许中国人要看看喜马拉雅地区、看向不丹来了解幸福的意义,那么就回到喜马拉雅共识。

中国的第一位皇帝创造了凯恩斯经济学

我回到位于长城边的工作室，开始起草一份政策提案，把融合经济学的原则与南非学生用新增就业来抑制气候变化的那些想法结合起来。

长城上的堡垒隐约可见，如幽灵一般。长城是揭示中国经济史的一种达芬奇密码。在多数人心中，长城是一座重大的封建时期城堡，或者说防御工事，用于抵御外族侵略者。但从融合经济学的角度来看，长城是世界上最大的一笔不良资产。

长城代表了投入基建的巨额财政刺激。这一刺激方案是利用固定资产来促进经济增长、保证就业。长城是个失败的防御系统，但在当时却是一个出色而精密的全国远程通信项目。不管是用驿马传信（长城建得够宽，能让马跑上去）还是发烽火信号，在中华大帝国的一端可以将信息立刻传到另一端。在当时可以算是实时传递。拥有两千年历史的这个远程通信计划是政府财政资助的，算在当时的军费开支里。这与现在的许多技术通信事业没有多大区别。从有学者风度的儒家工程师到气势汹汹的主将，再到建长城的一大群中国工人，每个人都因长城而有了工作。当家里的男孩子应召去建长城——一项极痛苦的工作，这家人就会得到一笔凯恩斯式的资金注入，以提振本地消费力。可以说，中国的第一位皇帝创造了凯恩斯经济学。长城修建规模最大的时期往往也是中国出口激增、外汇储备增加的时期。一旦过度扩建耗尽了资源，就会导致自身的土崩瓦解。还记得复活节岛拉帕努伊上的人自取灭亡的故事吗？

中国新出台的经济刺激方案要有所不同才能避免悲剧。沿用现行的超速发展政策会耗尽资源，同时加快已然危险的碳足迹。中国用水洗煤，然后烧煤带动国家电网。光是这一项就能让中国的水资源在15年后枯竭。喜马拉雅地区的冰川融化、消失，因此眼下的水资源和食品安全危机不仅是中国的灾难，也是南亚和东南亚半岛的悲剧。这些地区的总人口占世界人口的一半。不是要鼓励人们买更多的车、让家里塞满奢侈品，从而维持社会稳定；而是要考虑人们是否还有水喝、有东西吃。这不是发展权的问题，而是生存权的问题。这会引发争夺珍稀资源的区域战争。这种资源不是石油，而是水。

能从月球上看到"绿色大电网"吗

可再生能源和高效能源方面的融合经济学指的不是修路建港来把产品运到市场，而是把中国的国家能源网从化石燃料发电改成太阳能和风能发电。绿色大电网（Great Green Grid）提案提出了三项核心的、并行的政策改革。

第一，中国需要拿出大笔国家投资来将中国的电网从化石燃料发电改成可再生能源发电。这需要发行新的绿色债券来获得资金。这会创造出一个个新的工作岗位，从最资深的工程师到蓝领工人都需要。煤炭产业会带来政治上的挑战。中国的煤约有70%是来自内蒙古，余下的30%来自山西省。要确定这项实用主义转型的先后顺序，使用甲烷等更为清洁的煤炭衍生物，进而逐步叫停煤炭产业，同时大力投资风能（内蒙古有大量风能）。

说来有趣，中国已经是美国风能资产的第二大拥有者（2008年金融危机爆发后，中国收购了葡萄牙的全球风力发电站。在这次危机中，中国在欧洲买下的是实体企业而不是坏账）。

第二，产业经济政策——税收激励和退税，要能促使试制的高效产品实现新一轮发展。2012年，中国已经出台退税政策，鼓励消费者购买节能的电视机。这个政策可能让中国像20世纪90年代那样出口量激增。如今是出口节能产品。

第三，银行系统和金融界必须先行推出"绿色信贷"，支持地产界的低碳发展和那些投资可再生或高效产品的公司。资本市场的监管部门可帮助利用高效或可再生能源的公司上市。市场的政策导向能引入新的利益相关者价值观标准。

其实，全球经济衰退快要变成大萧条，此时中国需要新的经济刺激方案。但是中国还能投资什么呢？不是要再建一座砖石长城，而是建造绿色大电网。

在本书的写作期间，可再生能源在中国能源需求量中的比例不到1%，但如今中国在可再生能源和可再生、高效能源系统建造方面的投资居世界之首。对于中国来说，清理环境和减少碳足迹是符合切身利益的，也是个商业机遇。此处就要用到融合经济学。

实现这一目标要靠银行监管和财政杠杆。

中国的银行业已然意识到，一个巨大的绿色金融机会就摆在面前，等着人们去争取。但它们还不清楚要怎么做。政府政策尚无定论。但市场想要的东西很清楚。

中国的银行不是只对碳交易感兴趣，而是对如何出资兴建低碳建筑感兴趣。

低碳城市筹资机制是确实要推出的，中国正引进最先进的欧洲技术来实现这一点。中国银行业目前的挑战是要为大量互联的城市服务打造融资产品和服务。公立和私营的城市服务都算，从绿色能源交通建筑到废物处理，再到一大堆城市运转所需的产品都包含在内。设想一下，所有建筑的玻璃窗都是太阳能板——这些建筑在生产能源而非消耗能源！听起来可能很科幻，但确实是中国能做到的，技术是有的。中国能发展技术。

试点工程已经起步。住建部选出若干个试点城市，包括苏州、杭州，甚至还有保定（位于煤炭污染物笼罩的河北省），让这些城市成为即将推出的五年计划中所含的绿色试点城市。很多试验也逐渐展开。政府官员和金融家知道必须要做点什么。他们虽然还不清楚要做什么事，但起码已经开始积极规划。

在局外人看来，中国的发展与短期利益简直无敌。然而，在局内人看来，中国经济显然也有自身的问题。从很多方面看，中国现在面临的问题与十年前，也就是20世纪90年代出现的问题相同。中国迫切需要金融和产业改革。这要靠新产品，也要用大规模刺激计划来推动经济发展。环境经济学给出了路线图，因此有必要回归融合经济学。而这次是为了绿色发展。

生态文明和绿色发展

在相关人员的帮助下，我们起草了一份文件，题为《绿色宏观调控十六条措施》，以展现中国政府提出的"宏观调控十六条措施"。那份著名的调控方案是融合经济学的基石。把这个政策简述为"十六条"是为了体现先例。中国的每个经济学家立马就能明白"十六条"发出的信号。

我们把文件提交到中国环境保护部，同时也呈送给国务院发展研究中心。不久后，我被任命为环保部和欧盟环境司长的高级顾问，负责在《中国—欧盟对话框架协议》下对中国的绿色发展政策提出建议。

我们与环保部一起把"绿色宏观调控十六条措施"浓缩为一个"五支柱"框架，明确了"生态文明"的含义。五大支柱包括：1. 在可再生能源方面（绿色大电网）的国家基建投入；2. 用来引导企业采用可再生和高效能源的财政和信贷政策；3. 用更加广泛、更加包容的衡量方式来代替 GDP；4. 各部门建立宏观监管政策机构来落实绿色发展；5. 通过教育来引导价值观转向环境保护。这个政策转型能够成功的关键在于让中国人意识到万物互联，以及我们需要新的方法来衡量成功、自豪，不要用物质标准来衡量。总而言之，这就是必将成功的"生态文明"。

在财政部，一位官员十分直白地评论道："中国应以经济危机为契机，摆脱落后企业，推动绿色发展。我们不能只是呆滞地稳定局面，我们要改革，要发展。"

他随后补充道："绿色大电网比20世纪八九十年代的改革更具挑战性。那时候我们不知道资本主义是什么，但现在我们知道了。如今，政府各部门和经济各界都在捍卫自身利益。不管是在中央还是地方，做的都是控制和利用资源。因此这项改革具有挑战性，因为我们并不是迈入一个未知领域，我们是让人们放弃已知的东西。"

中国若不谨慎支配国家政策就会一事无成。这离不开政治意志，最终还是要由一个政治决定来将正确的策略落实到位，从而引导市场力量把风能和太阳能变得比化石燃料更有竞争力。总之，这份文件必须要让全体中国人参与其中才行。

"神龙大侠"功夫熊猫能拯救地球吗

中国和功夫熊猫一样，虽然笨拙又超重，但只要想做就能把事情做到。在各个时期，激荡的变革都是有必要的，能让中国远离迟缓呆滞，远离过去的重负和庞大的人口，同时以某种方式推动嘎吱作响的庞然大物趔趄前行。

2013年，中国国家主席习近平正式宣布"生态文明"这个概念，并要求实现质量发展而非数量增长。中国政府好像忽然间认同了喜马拉雅共识中的一些观点。它们想设计出一套不靠理论、崇尚实用的另类做法。这些做法要展现多种发展道路，而不是只代表一种途径。

因此，或许中国的绿色发展政策走上正轨时，我就应该回美国去与活动者和社会企业家合作，一起推动一个类似的国家环境经济学项目。没错，加入约书亚·库伯，成立组织，立刻索要1300万个绿色工作岗位。

罗布·帕伦托（Rob Parenteau）是常驻旧金山的一位财务顾问。当他听说中国的绿色发展政策提案已启动时，他写出了以下话："是的，以银行系统为财政政策的延伸，能够降低生产的单位成本并开拓绿色前沿科技。它们要是搞得好的话，最终就能拥有21世纪的产业，同时把自身的发展道路纠正过来，使之比当前自毁自灭的方式更加可持续。同时，在美国，我们会讨论是否还要让子孙后代承受公共债务的可怕诅咒……公共债务其实是家庭拥有的一项资产……能为公共资产的建设和实施提供资金。这些公共资产能提高盈利能力、改善商业前景，同时降低成本轨迹。让美国南部的公共建筑都使用太阳能，让北部的政府建筑都使用隔热材料。就从这样的"绿色新政"开始，创造工作岗位、传授技术、扩大需求以降低单位成本。否则就等着中国拥有所有的东西好了。"

不管是在北美还是欧洲、在亚洲还是非洲，都有太多太多的可再生能源和节能产业要去取代现行的旧系统。这有可能释放出一系列新的就业机会，让白领和蓝领工人都获益，并涉及金融、工程、环境科学、交通和基础设施等众多领域。

2010年，可再生能源投资跃升至全球投资的32%，创下了2110亿美元的纪录。发展的新动力肯定会是绿色能源。中国可能居主导地位。印度也能跟着成为领导者。其实，美国有可能领导所有这些事情。美国有技术，而且在研发方面也领先于这两个国家。但美国有政治意愿吗？美国想要真正的变革吗？想要发展并领导可再生和高效能源成为一个巨大潮流及下一个全球发展推动力吗？还是说，随着经济进一步下滑，美国想待在一边让其他国家来领导，因为美国执着于旧的做法和意识形态之争？

问题是美国陷入了毫无理性的政治僵局。政治变得跟经济一样崇尚意识形态、不讲求实际、只有黑白而不能容忍灰色。无论你是支持民主党还是共和党，结果都是一样的。双方的观点都是呆滞而固执——一方给另一方投反对票，为反对而反对。这不再是合乎逻辑的政治，而是某种恶意报复。会出现这样的情况是因为没有人给得出答案，但人人都想找人出气，因此策略就是责怪对方。这已沦为一种膝跳反射，也就是说任何一种逻辑——比如说，一起设法避免危机而不光是应对下一场危机——都从游戏桌上消失了。尼科洛·马基雅维利（Niccolò Machiavelli）要是能看到这个乱局，也会两手一摊，然后让君王收工不干。跟这群人一起根本做不成什么事。

用甘地纺棉花的方法来织虎皮纹地毯

最起码的要求是适应,或者说经济达尔文主义,也就是改变和生存的能力。这让我们想起在拉萨织虎皮纹地毯的女工。那个小小的家庭手工业计划可能微乎其微,但却代表一种强大的想法。英属印度的赏金猎人大量捕杀老虎,打破了生态平衡。同时,西藏人适应变化而编织虎皮纹地毯。虎皮纹地毯变成一种革命性的替代产品。今天,生物燃料和太阳能也应照此转变。

虎皮纹地毯想让子孙后代知道,在适应环境突变危机的时候找到替代产品很重要,而且有必要让替代产品不破坏环境。在"里约+20"峰会上,各国首脑无法阐明绿色经济的含义。也许他们可以在那些简单的虎皮纹地毯中找到答案。

曾经,在没那么久之前,我们都渴望变革。但变革不能仅凭一人之力。变革需要很多人一起努力,拥有相同的构想以及实现构想的决心,这就是共识的意义。消极否定只能带来愚蠢的争论和呆滞的对抗,没什么用。真正的变革讲求的是共同目标产生的吸引力,以及最终变成自我推动力的积极意图。

没错,这里面有个积极能量银行。它能给予人们希望。想用积极能量来达成变革目标的时候就可以去提取,然后再以积极善行的形式来偿还。我时常想起世界之巅的一位聪敏僧人所传达的哲理。他一直是我的老师。

在占领华尔街运动期间,我在祖科蒂公园宣讲,常常说起一个西藏小故事。有四个动物——大象、猴子、兔子和小鸟曾经争论到底谁与树最亲近。大象说自己每天待在树荫里,所以与树最亲近。猴子轻笑起来,说自己每天都吃树的果实。兔子窃笑着说自己在啃树根,比其他人都离得近。最后,小鸟谦逊地发言,认为自己是与树最亲近的。其他动物都嘲笑他。然后小鸟客气地说是他带来了树的种子。这个故事提醒我们环境中的万物相取,也提醒我们给予比拿取更重要。

喜马拉雅地区的每个藏族孩子都知道这个故事,即使是勉强完成小学教育的孩子也知道。有一天,要是这个故事出现在哈佛商学院的课堂上,那么我们就知道变革发生了。

结语

占领运动后的世界

设想一种没有贪欲的经济

Fusion Economics
How Pragmatism Is Changing the World

> 起初他们会嘲笑你,接着他们会威胁你,然后他们会追随你。
>
> 圣雄甘地

革命的神使

我们正身处一场革命之中,而且这是一场全球革命。然而那些坐在政府办公室、多边机构和智库里的人,以及将他们联系起来的金融机构里的人——都靠还不起的债务来运作,好像没有意识到这件事。

起码他们不会告诉你。

主流媒体让我们去关注的事情是有钱的年轻女明星精神崩溃,或是媒体天天对政客漫画像(想想看,这些人其实操持着一个国家)发动的无聊人格攻击,以及诸如此类的事情。我们趔趄渡过了一场场自找的危机,媒体却老是播放琐碎无聊的节目和高尔夫球。广告商大方买单,但他们也是负债经营。

这是大众娱乐玩弄的权术。

当然,他们不希望我们连点成线。

这会粉碎半个世纪来推进世界经济和金融体系的所有设想和信念。但我们都深知这些体系过时了，需要换了。

不妨想象一下，地球没有水、民众没有食物会如何。那个时候，无业青年会不停地在街头闹事，直到他们亲自接管了政府办公室，并在曾经古朴的欧洲城市及现已衰败的北美城市里设立临时委员会。货币系统崩溃，于是我们开始采用区域性的物物交换制。我们真的会走上那一步吗？

他们对我们说不要担心。Facebook 的上市一定能救我们。这已经变成了美国的鸦片，让美国精神萎靡地在自己的梦中漂过一场场危机。

美联储会印更多的钱来买更多的债务，然后又能印更多的钱。同时，国会削减医疗、教育和基建开支，并祝贺欧洲启动紧缩计划。

现在，从窗户看向外面的街道。

问一问那些在纽约、突尼斯以及开罗和平抗议的人，或是那些在伦敦、马德里和雅典发动暴乱的人。不知怎么，主流媒体忘了采访他们。为什么他们不出现在脱口秀节目上？街头的这些人是我们这个年代的神使。

我们这个时代的神使不是供应劣质咖啡的官僚机构所设立的那些资金充足的智库，不是华尔街上穿修身套装、领高薪的分析员，不是坐在富人区的古板图书馆办公室中十分高傲的常青藤盟校经济学家，也不是每天在早间节目中高谈阔论的评论员。

不，那些预言者付不起账单，也还不了助学贷款，因为没有工作岗位等着他们。但他们大胆抗议一个已走到崩溃边缘的全球体系。他们厌倦了老旧意识形态引发的战争，而且发动战争的政府出现了赤字、负债运作。他们问，为什么政府还要用无人机去轰炸遥远国度的学校，明明政府都没钱建自己的学校了。

同时，八国集团打开香槟庆贺，因他们的全球经济秩序而沾沾自喜，并讨论下一场战争、借更多的钱来打仗。不必担心侵略结束后石油公司会削减支出，因为它们又能为政治竞选广告提供经费。结束战斗的士兵所享受的福利会大幅削减（预算削减或紧缩政策表示抱歉），因为那些去打仗的人从不属于顶尖的1%。他们是顶尖1%者所说的"其他那些人"。

石油公司的寡头政治断然不允许采取措施来应对气候变化，可世界面临严重的水资源和食物短缺问题，而且许多岛屿和沿海国家面临洪涝灾害和覆灭的危险，同时高海拔地区的人看着自己的农田变成了沙漠。这意味着，石油的价格会在水价赶上来之前仍保持稳定。

做点什么

在祖科蒂公园，抗议者可能被驱散，但他们所支持的东西没有散，仍然占据着人们的大脑，不光影响着街头的人，也影响了会议室里的人。"自由公园（Liberty Park）"反映出我们的意识，浓缩了同时在不同大陆出现的全球运动和多变模式。

占领运动代表着可期待的东西。他们警告我们。可是谁听了？占领运动谴责企业和银行的过度贪婪，迫使遭到抗议的企业为了生存而反思自身的角色。不要只是考虑赚钱的把戏、股东利益、管理层奖金。

我们能不能设想一个基于慈悲资本、良心消费和利益相关者价值这些原则的未来？管理层奖金会以干净空气流通股的形式发放，并且以能产生复利的国民幸福指数为计量单位。

这些想法非常遥不可及？还是说这些想法即将成为现实？

无数关心社区和环境的NGO组织、活动者、社会企业家和普通人都在现场、在前线，都在抗击贫困和气候变化，从而创造更美好的未来。他们不是空想家，他们是运用实用理想主义的梦想家。但在晚间新闻和报纸上没有他们的消息。他们践行实用理想主义的方式通常是创办企业来获取资金，从而解决社区中的一个社会问题，或是推进会让地球持续发展的可再生能源技术。这些事情不只是发生在遥远的喜马拉雅和非洲。这些事情就在我们附近的街角出现，就在我们的社区里。

去看一看，找到他们，加入他们！

开始创造慈悲资本。你能想象以下场景吗？投资不只是为赚取利润，而是要改善某些人的生活、消除痛苦、在社区建一所学校、节约水资源、种安全粮食，或是改造社区电网而让人们摆脱化石燃料并用上太阳能。这些都是商机。

开始考量利益相关者价值。评估一家公司时，除了看盈利能力之外，还要看它为社区和环境做了什么，它如何对待员工。一切都是相互联系的。这个准则是实用的、全面的、可持续的。这就是未来。开始把这个内容加到MBA课程里吧。

开始践行良心消费。消费者行为也必须改变。我们并非只是不必负责的统计资料。消费者有权用手里的钱来投票，决定购买还是抵制。持续变化的价值观会改变消费者需求，并迫使企业作出回应，采用能保障地球可持续发展的产品和服务。金融机构也必须应对这些变化。其实，这也是给它们的一个机会。要是它们没有把握住的话，那就在附近的社区组织抵制活动，或者给公司邮箱狂发大量邮件，然后看多久之后这些公司会醒悟。

开始运用环境经济学。利用技术和创新来将国家电网从化石燃料发电转变成可再生能源发电，并运用信贷和财政政策来鼓励企业使用高效能源，从而创造工作岗位。这是下一个商机，会成为一个大趋势。这说的不是抱树行为，而是基本的水资源和食品安全问题（金融衍生品又不能吃）。这里说的不是给某些人带来豪车的石油，而是用来喝的水。要是冰川继续融化下去，那么我们会看到国家和社区为水而战。我们若不准备减少碳足迹就要准备打仗。

先生们，一边享受高尔夫球一边定股价这样忙活了一天，现在不妨坐下来休息，喝一杯马提尼，吃点沾着牛油果和芒果莎莎酱的寿司当前菜，想想融合经济学。在人们起来抗议、接管你们的高尔夫球场、在物物交换经济中设立有机作物公社之前，不妨闭上眼睛想一想。你能想象一个没有贪欲的经济吗？

一场和平革命走向全球

在我们的地球上，年长的人展望未来时既没有福利也没有希望，觉得被骗了。年轻人债务缠身，要还教育贷款，但所受教育并不能给他们提供一个工作。他们要求参与规划自己的未来。目前这是由其他人决定的，实际上他们的未来被夺走了。

意识形态引发的战争让发起国破产。借债之后会印钱，而债务全交给子孙后代来还——他们还要承担已经很富有的投资银行家和制造整个乱局的政客所拿到的奖金。没错，那些政客否认已然明了的气候变化科学预警，因为他们受惠于那些靠最赚钱的化石燃料产业发家致富的跨国公司。也是这些政客对世界伸出手指表示不满，并说起统治和透明度的必要性，同时又派穷人去打仗。政客的孩子只是在电子游戏中看到这样的战争。全球市场又推出一只垃圾科技股，像买卖金融衍生品那样进行交易，然后就能资助战争。

结语
占领运动后的世界：设想一种没有贪欲的经济

在这十年的抗议里，人们反击无用政治的方式有占领公共空间、参与非暴力反抗，以及在露天场地或本地设立公开透明的临时管理委员会。他们可以在这里创建自己的社区经济。其实，人们把权力夺回来了。

在全球各地，不管是有什么背景、信仰、出身的抗议者都团结成一个声音。我们已经受够了！现在该改变游戏规则、改变对于极端贪欲的盲目信仰、改变万物全球化。不能继续这样做，就是因为地球资源负担不了。而且越来越多人的生活水平低于贫困线以及极端贫困线，他们不会忍受下去，所以规则必须要变。

这些抗议者要求的不是换新政客上台这么简单。他们要求重塑全球金融架构。这就要用新的经济模式去替换老旧模式，也需要根本性的政策转变，还要重新评估那些长期以来被视为理所当然的基本设想和价值观。

改变经济学就是要改变经济学设想，也就是改变那些如丝缠绕的基本价值观。这就是和平革命的真正含义：建立一项新的地球共识，而且这一共识的基本原则是慈悲、关怀、对同胞和环境的考虑，而不是放纵的贪欲。

我们此刻应该意识到，我们共同拥有地球，共享这颗在浩瀚宇宙中沿轨道运行的星球。要是这颗星球的运作方式出了问题而无法维持冰川、海平面、可耕地和森林（是的，饮食安全和地球之肺），那就没有可供我们居住的星球了。我们不能离开这个星球而住到别的地方去（NASA的所有太空探索研究经费都被转移到愚蠢的帝国主义战争上）。我们必须设法想远一点，放下差异，共创未来。

这就需要实用主义和慈悲，并且在做计划时要有构想、有步骤，从而让我们摆脱这个乱局，建立一个新的范式，也就是一个可行框架。这个框架要能让我们活下去，也要让与我们共存的所有自然生物活下去。

我们共同拥有一个日益复杂、综合、包含多种族的地球，而且地球上的资源锐减。过去所运用的经济学是基于意识形态的，已不再适用于这个快速变化的多边世界。基于贪欲的新自由主义、市场原教旨主义、休克疗法和铁板一块的全球化都是过时的概念。地球正面临的挑战处于更为广阔的情境，而那些概念过于简单。取而代之的是一个全新构想，也就是同时考虑到自下而上的实用主义经济学、慈悲资本、利益相关者价值、多元本地化和对环境经济学的需求。

政府也要重新审视自己的应对措施。用以提振消费的刺激方案没有解决经济困难，因为过度消费也是个问题，因此消费者行为也要改变。但这不是说实行紧缩政策就对了。紧缩不是个办法。要将刺激基金投入社区、教育、基建升级、使用可再生能源的电网。所有这些都会创造新的工作岗位，然后人们就会可持续地消费。

影响地球的决策要由更多的利害相关者来做，而不是单靠纽约的一条窄巷、华盛顿的一个大道以及布鲁塞尔的一个拥堵环岛。这十年以全球抗议为开端，发出了一个信号，即人们要求改变这个情况。

全球金融和经济体系的构造板块迅猛移动，让一些物种灭绝，又让新的物种出现。这就是巨变的本质。巨变能粉碎帝国统治及其安逸的政治安排。

新兴"南方"内的多边贸易和货币互换协议促使一个新的经济秩序迅速发展。以前的布雷顿森林秩序所包含的经典工具——世界银行、国际货币基金组织和世界贸易组织，迅速大幅丧失相关性。国际货币基金组织还挣扎着想解决类似塞浦路斯这样的小国所遇到的经济危机。在人口方面，塞浦路斯比不上大多中国主要城市的一个区。对于奋力摆脱贫困的发展中国家来说，国际货币基金组织的政策怎么会有用？体系的可信度存疑。

南半球迫切需要适合自己的融资机制。崭新的金砖国家新开发银行和外汇稳定基金于 2014 年 7 月宣告成立，为发展中国家提供除了世界银行和国际货币基金组织之外的另一种选择。这确实是全球金融的民主化。欠发达国家和穷人应该有选择权。

接下来可能出现一种替代性的储备货币，可能是以有利于金砖国家的货币篮子为基础。这会改变地球上的金融架构。当然，这会动摇我们想当然的所有设想和经济安排。而长期以来所公认的政治联盟会因资本流的改变而改变。

开始采用新的全球共识

正在兴建的新型金融架构并不认为资本自由流动必定有利于经济，并不认为极端市场原教旨主义是整个经济秩序的万能药。这个架构不认为世界是平的，而认为世界是圆的、不平的，并要求用本地办法来解决本地和全球的困境。这个架构要求让资本回归社区、回归民众、回归本地的生活方式，还要求终结一小撮人为谋私利而设计出的大一统秩序。不同地区的多个层面同时响应。在美国，这种情况也在本地出现。

各个大陆的青年为了他们的未来而联手。他们知道该如何联手。把他们联在一

结语

占领运动后的世界：设想一种没有贪欲的经济

起的是技术（能黑掉所有防火墙）和对地球的一种整体设想。他们设想一个能让后代子孙活下去的地球。青年想要有发言权，想要让未来属于他们而不是属于我们。我们必须寄望于青年，期待他们通过创建游击电视网络和在线新闻直播来打破媒体和新闻领域的垄断。人们需要信息。他们需要知道真相。

全球各地的社会运动常常是自发产生的，而且是在抗议和暴动的乱局中产生。其中一些组织网络会变成拥有政治牵引力和发言权的组织。国家元首就要坐下来应对他们。政府就要为属于他们的未来制定政策。否则，当前这一代过时的领导人会被青年的选票赶下台，或是被民众的街头抗议赶下台。

那些并行的运动往往分离却又相互联系，形成一个不断发展的点阵。上述的一系列想法只是这个点阵的一部分，必然逐渐走向协同和聚合。这会改变地球上的经济架构。其中一些创新源自村落和贫民区，而其他的是由有远见、想改错的商业和金融领袖推动的。

民间团体正通过创建基层企业来支持民众想要实现的理想（以及我们生存所必需的社会、医药和可再生能源项目）。同时，还有那些在会议室里懊恼不已的高管。他们知道这个体系不对劲，肯定也不能保障他们的孩子有未来，所以他们也必须做点什么。

只是抗议还不够。没错，当然有必要通过多种形式的非暴力反抗将重大问题甩到媒体脸上。那些媒体是由公司和银行利益集团掌控的。这些利益集团也掌控了政客，让政客在媒体上露脸。然而，我们也要拿出合理、有用的框架，并为新的、实用的体系奠定基础。这样一来，源自全球各种运动的新地球共识就能与旧的共识并行，然后逐渐取代这一过时共识。历史继续往前走。我们必须继续改造自己、改造体系，从而跟上我们自己开创的变革。

贫富之间的差距十分惊人且持续扩大。气候变化引发了末日般的危机。两者都是我们依赖了数十年的体系造成的。但这些体系已经没用了。现在就应拆除那个旧的架构，并重新建起更加公平、能保障地球可持续性的体系。

一项新的地球共识正发展起来。这是由青年、NGO 组织和社会企业家倡导的，不分国界、种族、宗教。人类学家玛格丽特·米德（Margaret Mead）曾说："永远不要怀疑那一小群有思想、有决心的公民可以改变世界。实际上，世界的改变向来全靠这些人"。

这说的是人民的经济学所体现的民主在起作用，也就是说，全球各社区居民的声音和行动汇聚成同一个目标，用实用的方法来践行理想主义。要是我们连点成线，并将这些独立的基层和社区努力视为一个整体、顾及这些工作的差异和多样性，那么我们就会意识到，所有这些进步的经济运动——主流所说的"那些另类做法"，其实已经成为新的主流。一项新的地球共识也这样渐露端倪。现在就参与进来吧！

译者后记

目前，全球经济体系弊病颇多，让富人更富而穷人更穷，也扭曲了人与自然的关系以及人们对于成功的理解。本书作者龙安志认为，这些问题的根源在于美国主导的国际经济体系受制于意识形态、高度依赖理论学说，因而常常脱离实际、引发社会不公。他提出的解决办法是奉行实用主义，将东西方的经济体系相融合，也就是说，将市场规划、多元本地化、社会企业与绿色能源相结合，从而使人民得以自强、使地球得以存续。

本书以作者多年的实践与观察为基础，字里行间渗透作者的真情实感与审慎思考。开篇详述 20 世纪八九十年代作者初访中国的见闻。他见证中国结束社会主义与资本主义之争、从国情出发谋求切实发展，也发现急速发展导致环境恶化、价值观扭曲与精神缺失。他认为，不能仅用经济增长来衡量发展成果，保护社区、文化、本地特性和环境才是真正的发展。因此他推崇社会企业、慈悲资本、良心消费和利益相关者价值。也就是说，企业在赚钱的同时可以促进本地发展、保护社区文化与环境，而人们也会有理性、负责任地进行消费。从根本上看，要先保证本地经济和基层社区的可持续发展，才能让民众独立自强，从而减少冲突与暴力、保障社会长治久安。此外，可持续发展也应该是绿色的发展，应让可再生能源代替化石燃料来推动全球经济健康发展，在资源减少的情况下实现资源平均分配。最后，作者认为，金砖国家与 77 国集团正借助融合经济学引领世界发展。这些国家抛弃了西方世界建立的经济秩序，推崇的是多元的本地化，而非铁板一块的全球化。

在本书的翻译期间，欧洲恐怖袭击频发、难民问题加剧、平民主义高涨，而美国新总统特朗普挑战全球化概念，主张回归保守、以本国利益为上，同时中国政府全面推进"一带一路"建设、大力扶持农业合作社及其他中小型企业的发展、积极探索多元价值观。这些现象引发全球范围内对于新自由主义、全球化及社会公平的激烈讨论。而本书中的观点十分具有参考价值。

本书的翻译和译著出版离不开大译象文化发展有限公司和中国人民大学出版社的大力支持，也离不开魏宁、易汕、曾庆桦、谢琳、费智华、刘珍珍、苟瑞娜等人的帮助和鼓励。在此一并表示衷心感谢！

石盼盼

于德国弗莱堡

北京阅想时代文化发展有限责任公司为中国人民大学出版社有限公司下属的商业新知事业部，致力于经管类优秀出版物（外版书为主）的策划及出版，主要涉及经济管理、金融、投资理财、心理学、成功励志、生活等出版领域，下设"阅想·商业""阅想·财富""阅想·新知""阅想·心理""阅想·生活"以及"阅想·人文"等多条产品线。致力于为国内商业人士提供涵盖先进、前沿的管理理念和思想的专业类图书和趋势类图书，同时也为满足商业人士的内心诉求，打造一系列提倡心理和生活健康的心理学图书和生活管理类图书。

《未来生机：自然、科技与人类的模拟与共生》

- 从Google到Zoogle，关于自然、科技与人类"三体"博弈的超现实畅想和未来进化史。
- 中国科普作家协会科幻创作社群——未来事务管理局、北京科普作家协会副秘书长陈晓东、北师大教授、科幻作家吴岩倾情推荐。

《德国制造：国家品牌战略启示录》

- 赛迪研究院专家组倾情翻译，工业4.0研究院院长兼首席经济学家胡权、工业4.0俱乐部秘书长杜玉河、工信部国际经济技术合作中心电子商务研究所所长王喜文联袂推荐。
- 从冠军品牌、超级明星品牌再到隐形冠军品牌，以广阔而迷人的视角，深度解析德国制造究竟好在哪里。

《大数据经济新常态：如何在数据生态圈中实现共赢》
（"商业与大数据"系列）

- 一本发展中国特色的经济新常态的实践指南。
- 客户关系管理和市场情报领域的专家、埃默里大学教授倾情撰写。
- 中国经济再次站到了升级之路的十字路口，数据经济无疑是挖掘中国新常态经济潜能，实现经济升级与传统企业转型的关键。
- 本书适合分析师、企业高管、市场营销专家、咨询顾问以及所有对大数据感兴趣的人阅读。

《大数据产业革命：重构DT时代的企业数据解决方案》
（"商业与大数据"系列）

- IBM集团副总裁、大数据业务掌门人亲自执笔的大数据产业宏篇巨著。
- 倾注了IT百年企业IBM对数据的精准认识与深刻洞悉。
- 助力企业从IT时代向DT时代成功升级转型。
- 互联网专家、大数据领域专业人士联袂推荐。

《管理的完美处方：向世界顶级医疗机构学习领导力》

- 《星巴克体验》的作者全新力作，医疗机构、服务行业以及管理界人士必读。
- 世界顶级医疗机构追求零缺陷的领导力和管理智慧，破解医疗企业管理困局，引领医疗管理深度变革，开启以患者为本的医患关系新时代。

《共享经济商业模式：重新定义商业的未来》

- 本书作者是欧洲最大的共享企业JustPark的CEO，他首次从共享经济各个层面的参与者角度、全方位深度解析了人人参与的协同消费，探究了共享经济商业你模式的发展历程及未来走向。
- 共享经济是一种怎样的商业模式？我们为什么要共享？投资者如何看待共享？传统企业如何融入其中分得一杯羹？政府应该如何监管？未来如何共享？共享型企业的创始人现身说法，告诉我们建立共享企业的经验教训有哪些。对于任何有意创建或投资协作消费企业的人来说，本书都给出了重要的建议。

《凿开公司间的格栅：共享时代的联合办公》

- 随着科技和生活方式的改变，促使工作及创业正经历着工业革命以来前所未有的转型，适合创业者、自雇人群和新生代职场人工作需求的新型工作场所——联合办公空间在世界各国粲然崛起。
- 本书是中国联合办公领域第一家独角兽企业掌门人毛大庆倾心之作。
- 真格基金创始人徐小平、财经作家吴晓波、场景实验室创始人吴声、罗辑思维创始人罗振宇领衔推荐。

《啮合创业：在斯坦福学创业规划》

- 哈佛、斯坦福顶级学府、清华 x-lab 创新创业指南。
- 首创啮合创业模型，超实用工具包，9 大齿轮协调共进，循序渐进，助力创新创业。

《精益创业：打造大公司的创新殖民地》

- 微软精益创业培训，湖南卫视专题报道，北大创业营推荐。
- 埃里克·莱斯精益创业理念的落地与实践。
- 帮助企业消除内部创新的"绊脚石"，释放企业创新创业的无限可能。

《钢铁侠埃隆·马斯克：凭什么改变未来》

- 他是电影钢铁侠的灵感来源。
- 他被誉为最有可能超越乔布斯的梦想实践家。
- 他被奥巴马成为"美国最伟大的创新者"。
- 他是郭台铭、雷军等科技大佬最敬佩的年轻实业家。
- 他就是为改变未来而来的钢铁侠。

《为什么天堂不需要经济学家》

- 一部超好看、接地气的"另类经济学课本"，展现经济学的超凡魅力。
- 以幽默诙谐的方式解读民生问题背后的经济学常识，帮你炼就犀利双眼，识破生活怪象。

Fusion Economics：How Pragmatism is Changing the World by Laurence J. Brahm.
ISBN: 978-1-137-44417-2

Copyright ©Laurence J. Brahm, 2014.

First published in English by Palgrave Macmillan, a division of Macmillan Publishers Limited under the title Fusion Economics by Laurence J. Brahm.

This edition has been translated and publised under licence from Palgrave Macmillan. The author has asserted his right to be identified as the author of his Work.

No part of this publication may be reproduced, stored in a retrieval system or transmitted in any form or by any means, electronic, mechanical,photocopying, recording or otherwise without the prior permission of the publisher.

Simplified Chinese version © 2017 by China Renmin University Press.

All rights reserved.

本书中文简体字版由 Palgrave Macmillan 授权中国人民大学出版社在中国大陆出版发行。未经出版者书面许可，不得以任何方式抄袭、复制或节录本书中的任何部分。

版权所有，侵权必究。